いま、子育てどうする？

感染症・災害・AI時代を親子で生き抜くヒント集35

弘田陽介（話し手）
棚澤明子（聞き手）

彩流社

はじめに

いまの子どもたちが暮らす世界、これから巣立ってゆく先にある世界は、私たちが育ってきた世界とはすっかり様変わりしています。

予測不能な大きな地震。気候変動によって大型化した台風。

日本各地が「被災地」となるなか、２０２０年には新型コロナウイルスの爆発的な感染拡大で前代未聞の緊急事態宣言が出され、いまだに危機は続いています。

同時に、ＡＩ化は急ピッチで進められ、子どもたちが社会に出る頃には就職事情も大きく変わっていることが予測されます。

私たちは不安定な社会に戸惑いを覚え、親として何を軸にして生き、子どもたちに何を伝え、どのようにしてその心と体を育んでいけばよいのか、しばしば途方に暮れてきました。

直感が教えてくれるのは、学歴社会を勝ち抜いて安定した職業に就くことをよしとする生き方では、太刀打ちできない時代に突入しているということ。そして、この先をしなやかに生き抜くには、大人も子どもも人間が本来もっている野性の力を取り戻さなければならないのだろうということ。

そのためにも、私たちは人間の本質についてあらためて考え、そこで得た気付きを子どもたちと分かち合わなければいけない時期にきているような気がしています。

そんな思いを抱えて、男子2人（高2、中2）の母である私、棚澤明子が、男子3人（中3、小6、小3）の父である教育学の専門家・弘田陽介さんのもとへ出向いて、疑問をひとつひとつぶつけてみました。

弘田さんからは、教育哲学、身体論、心理学、脳科学、そして整体……とさまざまな知見をもとにした答えがかえってきました。

何が正解なのかはわかりません。

ただひとつ言えるのは、ここにはあらゆる親子にとっての道しるべが隠されているに違いない、ということです。

これからどんな時代がやってくるとしても、本書を手に取ってくださった皆さまにとって、この道しるべが道なき道を歩いて行く際のはげみになれば幸いです。

棚澤明子

目次——

いま、子育てどうする？
——感染症・災害・AI時代を親子で生き抜くヒント集35

第1章 こころ

第2章 からだ

第3章 くらし

第4章

まなび

第5章

チャレンジ

＊本書はスマホアプリ「ｔｏｔｏｎｏｕ」（ベネッセコーポレーション「サンキュ！」編集部制作）に連載した記事に大幅に加筆したものです。

第1章

こころ

災害に見舞われたとき、感染症の拡大で自粛生活を強いられたとき。
非日常のなかで精神的に追い詰められると、暮らしがままならなくなってしまうことがあります。親の不安定な精神状態が子どもに伝わってしまうこともあるでしょう。
何があっても親子で心を穏やかに保ち、どっしりと構えていられるようになるために、日頃から心がけておけることはあるのでしょうか？
さらには「新型コロナウイルス感染防止のための“新しい生活様式”が、子どもの心の育ち方に影響するではないか？」という個人的な疑問についても聞いてみました。

1 不安も怒りも、脳にコントロールされている？

いつも怒鳴る人、いつもケンカをする人、なぜ同じ行動を繰返す？

――子どもにはどんなに不安定な状況に置かれてもどっしりと構え、穏やかな気持ちで乗り越えられるような大人に育ってほしいと思っているのに、親である自分自身がまだまだそこに至っていないように感じています。子どもを諭す前に自分を省みなければ……と常々思うのですが、自分を省みるときに手がかりになるものはありますか？

――そうですね、僕もよく自分を省みています（笑）。まずは、自分を省みるときの手がかりのひとつとして、脳の思考パターンというものから考えてみましょうか。

脳は疲労回復時を除いて、つねに刺激を求めるようにできています。これは神経伝達物質の働きによるもの。なかでも幸福感や達成感などを引き起こすドーパミンや、怒りのホルモンと呼ばれるノルアドレナリンなどは、一度刺激を得ると「もっともっと！」とより大きな刺激を求めるようになります。そうすると、やがてその神経回路は強化されて、思考や行動のパターンとなってその人に刷り込まれます。たとえば、「がんばったことがうまくいってうれしい」という達成感が刺激になって、より大きな達成感を求めて次々とがんばり続け、いつのまにか「どんなときもがんばろう」という思考パターンをもつようになった、という方はたくさんいらっしゃるでしょう。

逆に、不測の事態が起こるたびに、怒りを爆発させる人もいます。スーパーのレジで待たされるたびに怒鳴る人なんか典型的ですね。これは、怒りを爆発させたときの刺激を何度も求めているうちに、怒りという神経回路が強化されてしまった例です。

フランスの哲学者であるアンリ・ベルクソンは、脳のことを単なる「電話交換局」だと言いました。[*1] つまり、決まったルールに従って電話回線をつなぐように「こういう事態が起きたときは、こういう処理をしよう」と決まったパターンでしか物事を処理できない単純な器官だ、というのです。彼は19世紀末に早くもこんな発言をしたわけですが、現在の研究から見てもこの言及は妥当すると僕は思います。どんな経験もそのつど新しいはずなのに、毎回同じ処理によって同じ感情を導き出す脳。このような器官にコントロールされ続けていると、人生の幅は狭まってしまいますよね。いつも不安に駆られてしまう、いつも怒鳴ってしまう、いつも物事を悪い方に考えてしまう、いつもケンカをしてしまう……と思ったら、それは自分の欠点なのではなく、脳にコントロールされているだけだと自覚してみましょう。それだけで、思考のパターンから解放されることもあります。

親子関係がパターン化することも

――なるほど。それは盲点でした。そういった親の思考パターンが親子関係に影響することもあるのでしょうか？

――はい、親が何らかの思考パターンを強くもっている場合は、親子関係に影響が出ることがあります。たとえば、いつも子どもが泣くまで怒るお父さん、お母さんがいますね。これは激昂することによって得られる刺激を求めて、反復してしまっている状態です。そうすると、何かあるたびに親は子どもが泣くまで叱る、子どもは徹底的に叱られて泣きながら従うという関係性ができあがり、そこから脱することが難しくなってしまいます。そこまでいってしまった場合は、親自身が同じ思考のパターンに陥っていることに気づかせてくれるような第三者が身近にいるといいですね。たとえば母子関係が煮詰まったときに夫（子どもの父親）が間に入れればよいのですが、夫婦間の関係もまたパターン化していることが多々あります。こうした場合は、可能であればカウンセラーのような第三者に入ってもらうのがもっとも効果的でしょう。

ただ、このような脳の仕組みを知っていれば、それだけでも「どうしてうまくやっていけないのだろう？」と自分を責めて苦しむ時間は少なくなるかと思います。「自分が悪いのではなくて、脳の癖が原因なんだ。そして、脳というのは日々の経験をいつものパターンに落とし込む単なる電話交換局みたいなものでしかないんだ」と気付けたら、そこがスタートラインです。

――では、親の思考パターンを子ども自身がコピーしてしまう、ということもありますか？　負のスパイラルに陥りがちな親の思考パターンが子どもに伝わってしまうと、よい結果を生まないのではないかと……。

――伝わりますね。子どもは生まれたその瞬間から、親との一体感を築いていきます。体を密着させることから生まれる親子の基盤となるこのつながりを、発達心理学では「アタッチメント（愛着）」と呼んで、非常に重要視しています。アタッチメントがしっかり形成されるのは幸せなことですが、そのつながりがあるがゆえに親の思考パターンはかなりダイレクトに子どもに伝わってしまいます。常日頃から必要以上に不安に陥ったり混乱したり……という思考パターンを親がもっていると、とくに非常事態下では子どもも同じ状態に陥りやすい、ということは言えるでしょう。

親子が「わかりあうこと」より大切なこと

――つながりがあるからこそ伝わってしまうのですね。それなら、反抗期に入って親と距離を置いているような年齢の子だと、親の思考パターンの影響はそれほど受けないような気がします。ただ、我が家の場合は、中高生の息子たちに反抗期らしい反抗期がなく、それはそれでどう接していくべきなのか、迷うところがあるのですが……。

――最近はいわゆる反抗期がこない子どもが増えているといわれています。これまでは、小学校高学年から中学生になる頃には、親とのつながりが反抗に変わるのが一般的だと言われてきました。いわゆる自立への第一歩ですね。これは生きものの本能としてプログラミングされているものではなく、子別れ、親別れを経て新たに家族をつくるという文化的な背景によるものだと言われています。けれども１９９０年代になると、親子が横並びの関係を築いていく「友達親子」という言葉が出始めました。親子のアタッチメントが幼少期からそのままの形で継続したまま、子どもが成人していくケースです。

反抗期がやってこないこと自体の善し悪しはさておき、気をつけなければならないのは「わかりあえる」という気安さに親が甘んじてしまうこと。親の思考パターンが伝わりやすい状態が続いているため、友達感覚で「わかってほしい」と自分の考えをぶつけてしまうと、まだまだ未熟な子どもの感情をコントロールし、子どもを一種の洗脳下に置いてしまうことにつながるのです。これは危険だと僕は思っています。

——なるほど。非常時でもまわりに惑わされることなく、自らの判断力を駆使して生き抜ける子に育ってほしいと思えば、親の洗脳下に置いてしまうのは望ましくありませんね。

——その通りです。子どもをコントロールしないようにするには、親自身が自分の思考パターンに気付くことが大切です。感情が暴走しているときに「あ、これはいつもの癖なんだ」と我に返ることができれば、気分や思考を子どもに押しつける前にブレーキを踏むことができますから。

僕自身は、成長過程にある子どもに自分の気持ちをわかってもらおうと躍起になる必要はないと思っています。「わかってくれよ」というのは、子どもが成人して一緒にお酒でも飲めるようになってからでいいような気がするんですよ。それよりもいまは、物事をニュートラルに伝えることを優先したいですね。問題が起きても感情的にならず、「あんな考え方もあれば、こんな考え方もあるよ」、「この件には、たくさんの説があるんだよ」と伝えることができれば、子どもは先入観なく選択肢を並べて、そのなかから自分の力で何かひとつを選び取ったり、自分自身の考え方を形成したりすることができるようになるのです。そんな習慣を身につけていくことが有事を生き抜く力になるのではないでしょうか。そしてその方が、成人したときの親子関係もずっと成熟したものになるのだと思います。

2 ネガティブ＝悪、ポジティブ＝善？

ネガティブでもポジティブでもない「ニュートラル」を

——新型コロナウイルスの流行による自粛期間中、「ネガティブな自分から脱してポジティブになる方法」といった記事が連日ネットメディアを賑わせています。それだけ非常時になると人はネガティブに傾きがちなのでしょう。そもそも、ネガティブなのは悪いことなのでしょうか？「ネガティブ＝悪、ポジティブ＝善」と子どもに教えるのは、どこか違和感があるのですが……。

——「ネガティブ＝悪」という空気は根強いですね。僕は「ネガティブか、ポジティブか？」ではなく、自分にとっての「ニュートラル」がどんな精神状態なのかを把握しておくことが大切だと思っています。そして、自分がネガティブな状態にあると感じたら、その感情がニュートラルからどのくらいかけ離れているのか、その程度を把握することも大切だと思っています。

人は、ある一定の振れ幅のなかで揺れ動きながら生きているもの。ネガティブなときがあるのは当たり前です。そんな自分を否定して「ポジティブであらねば！」と思わなくても、「ああ、いま自分はニュートラルからこれくらい離れたところにいるのだな」と自分の状態をそのまま受け止められればそれで十分です。レジリエンス（ダメージを受けた後に再び立ち上がる力）も、まずは自分を受け止めるところから生まれますから。

——個人的にはポジティブでいることにあまりこだわりはなく、非常事態下でも出来る限り親子ともにニュートラルな状態を保ちたいと思うのですが、人はネガティブとポジティブのどちらかに傾きがちではありませんか？

——第1章❶で「脳には刺激を求める性質があるので、気持ちがわっと上がる経験をすると、それを上回る感情の振れ幅を求めて同じ行動を繰り返し、そこから行動や思考のパターンができあがってしまう」というお話をしましたよね。たとえば「自分はネガティブ思考だ」という方は、ちょっと考えてみてください。「いつも物事を悪い方へと受け取る思考のパターン」にとらわれていませんか？　「ネガティブ思考は悪いことだ、改善しなければいけない」とそこに意識をフォーカスしてしまうことも、その思考回路を強化することにつながってしまいます。感情を手放してしまえればよいのですが、それも難しいことですよね。

それならいっそのこと、感情を「ポジティブ」、「ネガティブ」と名付けて二分することをやめたらどうでしょう？　よくメディアで「ネガティブな言い回しをポジティブな言い回しに変えよう」などという提案を目にしますが、言葉尻を変えただけで自分自身の根本が変わらなければ、結果的に心と行動がちぐはぐになるだけです。ポジティブなのかネガティブなのかという二者択一的な考え方そのものをやめて、いまの状態をそのまま受け止めてみてください。

この「ポジティブなのか、ネガティブなのか」という二択にとらわれていると、たとえば人間関係の問題はおおよそ「相手が悪い／自分はよい」か「自分が悪い／相手はよい」ということになります。でも、現実問題として、人間関係はそんなに単純化できませんよね？　つまり、あらかじめ設定した「よい／悪い」という区分からいったん離れなければ、現実すら見えてこないということです。

心の状態も簡単にカテゴライズできるものではなく、マーブル模様のようにさまざまな感情が入り交じっているもの。ばっさりと二分して一喜一憂することよりも、少しずつ自分のよさを見つけたり、ありのままの自分とよい関わり方をしてくれる人を見つけたりしていくことの方がずっと建設的です。

ストレスという言葉も似ていますね。言葉には物事を二項対立にする性質があるので、自分のなかにあるモヤモヤを「ストレス」と名付けた瞬間に「ストレス解消」とか「ストレスフリー」という言葉が出てきます。「ストレス」ということを意識すると、すべてが「ストレスの元か、そうでないか」という世界になってしまうのですね。

「なぜ私はうまくストレス解消ができないのだろう」と皆さんよく悩みますが、そもそも生きている以上は完全にストレスフリーな状態などあり得ません。体調に悪影響を及ぼすほどのストレスであれば対処が必要ですが、「こういうこともあるよね」という程度で済ませることのできるモヤモヤなのであれば、いわゆる「ストレス解消」に躍起にならず、そのまま受け止めておけばよいのです。どうしても消え去ってくれないモヤモヤは、ストレスと名付けたことによって心に定着してしまったのものかもしれません。一度名付けた名前を手放すようなやわらかい物事の見方ができると、少しはラクになることもありますよ。

親の過剰反応が子どもの感情をコントロールする

――たしかに、感情に名前をつけることで自分を縛っていることはありますね。「ネガティブか、ポジティブか?」「ストレスフルか、ストレスフリーか」と二分することをやめれば、より丁寧に自分自身を見るようになれそうです。ちなみに子どもがネガティブな言動をするときには、どのように接していけばよいでしょうか?

――子どもたちも、非常時にはあれこれと想像をめぐらせた末に不安に陥ったり、混乱したりすることはあるでしょう。そんなときには、親が同調してその感情を増幅させないことが大切です。一緒になって騒ぎ立てたり落ち込んだりしてしまうと子どもの感情は増幅し、さらなる刺激を求めてネガティブな思考回路を強化してしまいます。「なるほどね、そんなふうに感じているのね」と耳を傾け、「対策もとってあるし、大人もたくさんいるから大丈夫だよ」と落ち着かせてあげればそれで十分です。

これは、子ども同士でトラブルが起きたときも同じです。「相手の○○くんはひどいわね！」などと過剰な反応を示せば、子どもの感情を増幅させるだけでなく、感情の方向性までコントロールすることになります。それよりも、上がってしまった怒りの感情を下げるような声かけをする方がいいですね。「いろんな人がいるよね」「いろんな感じ方があるよね」と、受け取り方にも幅があることを穏やかに示してあげることが、子どものびやかな成長につながっていきます。

ちなみに、中島みゆきの『蕎麦屋』はいいことをいってくれていますよ。「あのね、わかんない奴もいるさって」。僕は、何かあるとこの歌を頭の中で流すようにしています（笑）。

3 どんなときも「遊び」を生み出す力を身につけよう

空き箱ひとつからでも「遊び」を生み出せるのが子ども

――「災害で日常がストップしてしまったとき、子どもたちがたびたび退屈を訴えるので困った」という声をたくさんのお母さんたちから聞きました。お気に入りのアミューズメントパークに連れていってもらえない、いつものオモチャ、いつものゲームがない、スマホのバッテリーが切れてしまうのでSNSをいじれない……。そんな不満はどんどん募っていきます。親はいったいどうしたらいいのでしょう？

――ここで挙げられているのは、すべて「与えられている遊び」ですよね。子どもたちが本来もっている生きる力、非常時にこそ発揮してほしい力は「遊びを生み出す力」です。そんな力を身につけるためには、常日頃から子どもに無制限にモノを与えることはしない方がいいでしょう。欲しがるモノを何でも与えていると「買ってもらうことが幸せ」という考え方になり、なにか面白いことがやってくるのを待つことしかできなくなってしまいますから。それよりも、楽しみを自分でつくり出すことです。空き箱ひとつからでも、ペットボトルの蓋ひとつからでも、本来子どもたちは遊びを生み出すことができるのです。

——私は息子たちが小さかった頃、アミューズメントパークに連れて行くことに抵抗があって、実はディスニーランドにも一度も連れて行ったことがないんです。うまく言えないのですが、そのようなところに繰り返し連れて行っていると「遊びを生み出す力」につながるような何かが損なわれてしまうような気がして……。

——そこは、大きなテーマになりますよ（笑）。ディズニーランドなどについて考えるために、フランスの哲学者であるジャン・ボードリヤールが提唱した「シミュラークルとシミュレーション」という概念があります。[*2] 面白い考え方なので、簡単に説明しましょう。

たとえば、現実の都市とそれを描いた地図は照合関係があります。地図というのは現実の「シミュラークル」だというのです。そして、私たちは自分たちの住んでいる都市を認識するときに、現実の都市そのものは俯瞰できないので地図を使います。そして、地図からさらに都市開発の計画図を作ったりということになります。この計画図が「シミュレーション」と呼ばれるものです。この都市と地図の例だと、現実の世界と地図の関係は切り離されていませんが、実は私たちの生きている社会は、現実の世界と対応がない「シミュレーション」を多々生み出しているのだとボードリヤールは言います。

たとえば、皆さんおなじみのジュース、ファンタグレープを思い浮かべてみてください。あれはホンモノのブドウの味を模倣したものではありません。「誰もが求める理想のブドウの味」の表現です。バラの香りの柔軟剤はどうでしょう？　ホンモノのバラの香りからはかけ離れた「誰もが求める理想のバラの香り」ですよね。こんな味や匂いのするブドウやバラはありません。これらは、すでに現実の世界から切り離されているのに私たちにとってリアルだと見なされる「シミュレーション」、わかりやすく言うと「ハイパーリアル」です。ボードリヤールがハイパーリアルの例としてあげたものが、周到に計算して作り上げられた誰もが求める理想宮であるディズニーランドだったのです。

コマーシャルの世界から飛び出してきたオモチャやアミューズメントパークは、「ハイパーリアル」であふれています。子どもたちは「こんな世界がほしいんでしょう？」と差し出されたものを、嬉々として受け取っているわけです。空き箱ひとつから自分でおもちゃをつくり出す遊び方とは真逆ですよね。もちろんこうした遊びが絶対的にダメだというわけではありませんが、「ハイパーリアル」ばかりを与えられていると何も生み出せなくなるだけでなく、いざというときに現実との距離感が分からなくなってしまいます。

さらに言えば、第1章❶でお話した「脳は刺激の反復を求める」というテーマがここにもつながってきます。計算し尽くされている「ハイパーリアル」は、確実に子どもたちを興奮させますよね。ディズニーランドに連れて行くと、子どもたちの感情はわっと上がります。連れて行く大人も「ほら、楽しいよね、最高だよね！」とさらに盛り上げます。何気なくでも、こうして意図的に感情を波立てることは、子どもをコントロールすることと同義です。「ハイパーリアル」で刺激を与えて興奮させ、親の声かけで感情をさらに増幅させる。このセットを繰り返していくと、子どもたちの脳は当然ながらさらなる刺激を求めるようになります。そうなると、もう空き箱ひとつを渡されても、そこから遊びをつくり出す力が湧いてきません。それは、生きる力を失うことと同じではないでしょうか。たとえば木や草花、廃材で何かをつくってみる。そこには、アミューズメントパークがもっているような完成された世界観はありませんが、つまらなければ改良し、うまくいかなければ誰かに相談し、時間をかけて自分だけの世界をつくり上げる面白さがあります。そこで得られる楽しさや達成感が、これからを生き抜いていくためのベースになるのです。

何が起こるか分からない時代です。２０２０年には、コロナによる自粛期間にアミューズメントパークも長期にわたって閉園となりましたが、これからも同じようなことがあるかもしれません。完璧につくり上げられた理想の世界を受け取って喜ぶのではなく、現実に手をのばし、そこから遊びになりそうなものを見つけ出してくる嗅覚を磨く。そんな遊び方を日々の親子の関わりのなかから見つけていけたら、それが何よりだと思います。

子どもたちこそ、ぼんやりする時間を大切に

——ディズニーランドについて長年感じていたモヤモヤの謎が解けました（笑）。ところで、いまの子どもたちの忙しさも気になります。塾や習い事で埋め尽くされていて、じっくり遊ぶ時間のない子もたくさんいますよね。

——そうですね。ひとりでぼんやりと考えごとにふける時間は、大人にとっても子どもにとっても重要です。いまの大人はぼんやりすることが悪であるかのように、すべての時間を予定で埋め尽くしたがるでしょう？　仕事の後にジムへ行き、それが終わったら友人と食事に行き、移動時間にはＳＮＳに書き込みをして。そんな日々を「充実している」と捉えている人がたくさんいます。

ひとりで考える時間をもたないと、人の心はスクリーンのようになってきます。外からの情報が映し出されるだけのスクリーンから、何かが湧き出してくることはありません。これは人として非常に不自然な状態であって、精神的に病んでしまう可能性も出てきます。スマホがなかった時代に育った僕たちはまだましなのかもしれませんが、いまの子どもたちがこのまま大人になったときに抱える空虚な感覚はいかばかりかと思います。どうか、子どもたちに塾でも習い事でもテレビでもスマホでもない、ぼんやりする時間を確保してあげてください。何かをしながらではなく、気持ちを集中させて一杯のお茶を飲む、というひとときを過ごすだけでも違いますよ。子どもたちにこそ、そんな時間が必要です。

4 唯一無二の正解を求めるから不安になる

唯一無二の正解を求めていない？

――有事に不安はつきもの。不安を感じるからこそ災害時に迅速な避難ができたり、感染症の対策を講じたりできるのは言うまでもないことですが、不安に飲み込まれて参ってしまったという話もよく耳にします。不安と正しく付き合うには、どうすればいいのでしょう？

――不安に取り憑かれてしまう人は、唯一無二の答えを得られれば不安から解放されるはずだと思い込みがちです。そして徹底的に情報を追い求めて疲弊してしまいます。覚えておくべきはふたつ。非常時には正解の分からないことがたくさんあるということ。そして、物事には諸説あるということです。

たとえばコロナウイルスについて不安に駆られ、「ワクチンはいつできるのか？ 100％有効なのか？ ワクチンがあれば違う型のウイルスが出てきても大丈夫なのか？」と調べ尽くそうと思っても、医学の専門家でなければどれだけネットサーフィンをしても正解にはたどりつけないでしょう。そもそも正解は諸説あるのかもしれませんし、仮に「これだ！」という答えが見つかったとしても、専門家のなかでも見解の違いが生じているかもしれません。調べれば調べるほど整理がつかなくなって疲弊し、より一層の不安に陥って日常生活がままならなくなってしまえば本末転倒です。

科学は、不確かなことをひとつひとつ潰しながら真理を突き詰めていく学問。また、新たな研究結果が発表されると、これまでの真理が「間違い」となる世界です。けれども、私たちは日常では科学者ではなく生活者です。知ることを目的とする科学と、生きていくことを目的とする実生活を混同すると、生活は立ちゆかなくなってしまいます。「これ以上知ろうとしても不安が解消されるわけではない、さらなる不安にさらされて深みにはまるだけだ」とどこかで見切りを付けて、線を引くことが大事です。それよりも、実生活での改善点に目を向け、自分たちの暮らしをどう維持するかを考える方が建設的でしょう。

——不安をひとつひとつ潰して一点の曇りもない状態に身を置きたい、という考え方が危ういのかもしれませんね。起きてしまったことへの不安とまだ起きていないことへの不安を混同してしまう、という状態も起こりがちです。

——たとえばゴミひとつ落ちていない部屋に住もうと思うと、たったひとつのゴミでも許せなくなるし、ゴミが出てきたらどうしようとか、ゴミを出さないようにするにはどうしたらいいんだろうとか、無限に不安が出てくるものです。最初に完璧な理想を掲げてゴミを敵と見なしたから極度の不安に陥るわけで、原因はゴミではなく自分の心です。「まあ、ゴミひとつくらい仕方ない」「出たら出たときに考えよう」と、敵を敵と見なさない考え方もあるということは知っておく方がいいと思います。

また、ひとつの不安にとらわれてしまったときは、確率論で考えてみることも大事です。実際に、コロナウイルスで命を落とした人は日本でもたくさんいます。それはたしかに不安の原因になり得るのですが、では交通事故では毎年どれくらいの方が亡くなっているのでしょう。コロナウイルスへの不安のみで神経質になっていると忘れがちですが、この社会で暮らしている以上は道を歩くことにも、車を運転することにも気を付けなければなりません。その当たり前のことに気付けば楽になる部分もあるかもしれませんし、また日常で別の緊張感を持たなければならないこともあるかもしれません。

ひとつ覚えておいてほしいのは「正常性バイアス」です。これは心理学用語で、非常事態が起きても「自分だけは大丈夫」「この程度ならまだ大丈夫」などと事態を過小評価することです。不安の裏返しからくることもあるでしょう。必要以上に不安にとらわれて気持ちが落ち込んでしまうことも問題ですが、「正常性バイアス」にとらわれることも問題です。災害の兆候があったときには、冷静になって事態を正しく捉えたいものです。

不安との上手な付き合い方を子どもに伝える

――非常事態に自分が不安に駆られてしまっても、できれば子どもは混乱させたくないと思います。

――そうですね。親がわざわざ口に出さなかったとしても、子どもは生活のなかでいろいろなことを察するものです。ニュースをシャットアウトすることも、不安を抱いている家族から子どもを隔離することもできません。不穏な空気を感じても、不必要に振り回されない軸を平時から育てておくことが大切です。そのためには、「大変なことが起きても、自分たちでなんとかできるんだ」「自分の心ひとつなんだ」という経験を子ども時代になるべくたくさん積んでおくことだと思います。たとえば、キャンプや登山などアウトドアの経験があれば、いつもどおりの便利な暮らしができなくなっても「○○は××で代用できる」「なければないで、なんとかなる」と知ることができます。体を動かすことに慣れていれば「暑くても汗をかけば体温は下がるから大丈夫」など、自分の体への信頼感も育っていることでしょう。

そのようなことの積み重ねによって、「だいたいのことはなんとかなる」と感覚的にわかっていれば、いたずらに不安に振り回されずに済みます。常日頃からスマホや便利グッズ、電化製品ばかりに頼るのではなく、あえて不便な自然のなかで過ごすことや体を使うことで、不安にならずに済む自信を親子で積み上げていってほしいと思います。

——子どもたちは非常事態をきっかけに、死に対する不安を感じることもあるかと思います。実際、災害などで身近な方を亡くした子どもには専門的なケアが必要かと思いますが、漠然とした死への不安を感じ始めた子どもに親ができることはありますか？

——そもそも、子どもは小学校の中学年くらいになると死に関心が向いてきます。[*3] 人間は、死への不安をどこかで抱えて生きているのが自然の状態。それを親がなんとかして癒やしてやろう、なんらかの形で取り除いてやろうと思うのは、かえって不健全だと思うんです。死への不安はもっていてしかるべきものですから。

もちろん、不安を煽らず「大人もそばにいるし、対策もとってあるから大丈夫だ」と安心させることは大切ですが、人間は自然災害に抗えないこともあること、どれだけ科学が発達しても生死だけはどうにもならないことは、日頃から伝えておく必要があると思います。曾祖父母や祖父母が亡くなったタイミングで、死ぬということがどういうことなのかゆっくり話す時間を設けられたらいいですね。子どもがケンカのなかで「死ね！」などと叫んだときに、話し合うのもよいと思います。生きものを飼ったり植物を育てたりすることからも、生死を肌で感じることはできるでしょう。

5 こんな時代だからこそ、言葉にしよう

子どもの言葉、育っていますか?

――非常事態下では見知らぬ人と避難所で共同生活をするなど、いつもと違う状況で自分の気持ちをきちんと伝えることが子どもであっても必要になってきます。いま、子どもたちを見ているとＬＩＮＥなどＳＮＳではスタンプを駆使しながらテンポのよいやりとりをしていますが、改めて気持ちを聞くと「わからない」と黙り込んでしまうことがよくあります。子どもたちのなかに、たしかな言葉を育てるにはどうしたらよいのでしょうか?

――僕は日々大学生と接していますが、気持ちを言葉にできない学生はたくさんいますね。言葉をもっていなかったり、言葉にすべきものをもっていなかったり、その両方だったり。言葉そのものと言葉を生み出す経験や思い、その両方を子どものころから少しずつ育てていく必要があると思っています。

大事なのは、言葉にできれば何でもいいということではなく、自分の立場に立って、自分の言葉で話せるようになること。肯定するだけでなく、相手の立場を理解した上で自分の立場に立ち、「こういう理由で自分は賛成できない」と指摘することもできなければいい

けません。昨今の社会には「絶対的に正しくあるべき、正しくないものは悪だ」という空気が満ちています。少しでも外れた発言をすれば誹謗中傷の標的になることもあります。ときに勇気のいることではありますが、人の数だけ考え方はあるのだという前提に立ち、相手の考え方を理解しながら自分の立場に立つ訓練を親子でしていきたいものです。日々の会話のなかで、子どもが自分の立場に立って意見を言えるように、意識的に促してやれるといいですね。

もうひとつ、学生たちと話していてもネット社会を見ていても気になるのは、粗雑な言葉ですね。例えば、特定の国を名指しして「○○人は悪い」とひとくくりにして罵倒する。ちゃんと考えれば「それって具体的には誰のこと？　全員なの？」と思えるのですが、ざっくり雑にくくってしまう。雑な表現は威力をもっているので、人の感情をわっと上げます。第1章❶でもお話したように、脳は感情の振れ幅を刺激として求めます。そして一度その刺激を味わうと何度も繰り返しその刺激を求めるため、同じ行動を反復するようになります。雑な言葉の応酬で盛り上がることを常としていれば、細やかな感情表現からはどんどん遠ざかってしまいます。

細やかなコミュニケーションができる子に育てるには？

――実際に中高生の子どもたちは、よく雑な表現をしますね。気持ちを伝えるために話すのではなく、乱暴な表現で盛り上がるためにおしゃべりに興じているところがあります。このような子どもとの会話のなかで気を付ける方がよいことはありますか？

――とくに男の子同士のやりとりを見ていると、コミュニケーションが「ノリ」だけを求めていることがよくありますね。子どもとの接し方でいえば、感情を波立てるようなこと、つまり無理に盛り上げたり笑わせたりするようなことをしない、ということがとても大切です。それならむしろ淡々と関わる方が、細やかな感情のやりとりができるようになってきますね。感情を跳ね上げるような方向にばかりコントロールしていると、感情が上がる快感ばかりを求めて、会話の内容を重視しないようになってしまうのです。それでは、言葉も育ちません。

子どもが雑な表現をしたときには「それってどういうことなの？」と、一歩踏み込んで気持ちを説明させることも大切です。「そんなことを言うものじゃない！」と押さえつけるのではなく、ちょっと考えさせてみる。子ども自身も、自分の心のなかを見渡して、そこから自分の本心と本心を表す言葉を探す癖がつきます。

一説では、保護者の声のかけ方次第で、子どもが幼児期に耳にする言葉には数百万語もの差が生じると言われています。[*4] それほどに家庭でのコミュニケーションには重みがある、ということは覚えておきたいものです。

――思いをきちんと言葉で表現できるようになるには、自分の心のなかを丁寧に把握することが大前提ですよね。そうした力はいつ頃、どのようにして身についていくのでしょうか？ そのような力を育てるために、親にできることはありますか？

――まだ言葉をもっていない乳幼児は、その時期だけの豊かな時間を生きています。これはこれでとても大事なことですが、ある程度の年齢になってくると言葉が入ってきますよね。感情よりも言葉が先行して「こんな言葉があるのは知っているけれど、その感情はまだ感じたことがない」という状態が出てきます。そして少しずつ経験を積み、さまざまな感情を体験しながら「この言葉はこういうことを示していたのか」と理解が追いついてきます。つまり、先に言葉が入っていないと感情が出てきたときにうまく気付けないことがあるのです。そういう意味では、ある程度の年齢になったときに言葉をたくさんもっていることは、豊かな感情を育てることにもつながります。

自分の感情を把握する力の発達は、女の子よりも男の子の方が遅いですね。でも、しっかり周囲とコミュニケーションをとっていれば、人は年齢とともにだんだん細やかになっていくものです。これは僕の実感でもありますが、年齢とともに感情が細やかになるし、傷つきやすくなるし、弱くもなります（笑）。

子どものなかに豊かな言葉と感情を育てようと思ったら、やはり読書は大事ですね。あとは歌詞のある歌もよいと思います。成長を促すという意味では、本人にぴったりとした本ばかりではなく、「こんなのもあるよ」と親がいろいろな刺激を与える方がいいと思います。たとえば、少し古い時代のものもよいでしょう。「え、これなに？」という違和感から、生まれるものもあると思います。

最後にもうひとつ。社会の中でこれほどまで言葉を使わない国は、世界中どこを見ても日本くらいでしょう。コンビニで買い物をしても一言も発さずにお店から出てきます。飛行機の中でもチキンかビーフと言うだけで「ありがとう」の一言もありません。とくに男性には「男は黙って高倉健」の風潮が今でもありますが、無口でぶすっとしていることを美風としていたのは30年以上も前の話です。

コミュニケーションができないというのは、家族とは違う人々と過ごす「外側の空間」の感覚が育っていない証拠。次の第1章❻でパーソナルスペースについてお話しますが、パーソナルスペースの外側というのは、自分を伝えたり相手を理解したりするために言葉が必要な世界。とくに、丁寧な言葉、または挨拶や礼儀が必要です。なぜなら、相手がどんなに不愉快な人物であったとしても、最低限、礼儀だけは尽くしておけば、トラブルを避けることができますから。

挨拶や礼儀の話になると、道徳の時間のお説教のようで鬱陶しいと感じる人もいるかもしれませんが、これは道徳心の話ではありません。内側にいる人たちとは違う関係性を外側の人たちと築くという、大人になっていくために必要な「外側」の感覚に関わるものなのです。自分を守り、むやみに敵をつくらないための社交ですね。子どもたちにはまだ理解できないかもしれませんが、いずれわかるようになったときに、彼らはひとつ大人になったと言えるのではないでしょうか。

6 「ソーシャルディスタンス」を子どもに叩き込まないで

人はそれぞれ自分のパーソナルスペースをもっている

――新型コロナウイルスが流行して「ソーシャルディスタンス」という言葉が突然日常に入り込んできました。感染を防ぐためには大事なことなのだと思いますが、「他人とは距離をとれ」ということを小さい頃から叩き込んでしまうことは、子どもの心の成長に影響を及ぼしませんか？　とても気になっています。

――ソーシャルディスタンスの話をする前に、パーソナルスペースについて考えてみましょう。パーソナルスペースとは「これ以上他人に近づかれると不快に感じる」という空間のこと。パーソナルエリア、対人距離などとも呼ばれる心理学用語です。アメリカの文化人類学者であるエドワード・ホールが明らかにしたように[*5]、文化圏によって多少の違いはあるにせよ、人は誰しも大人になる過程で、関係性に応じて他人との適切な距離感を学んでいきます。

ホールはパーソナルスペースを4段階に分類しました。他人との距離が近い順に密接距離（親しい人にだけ許される、抱きしめられる距離）、個体距離（相手の表情を読み取れる距離）、社会距離（手は届かないけれど会話のできる距離。これがいわゆるソーシャルディスタンス）、公共距離（講演者が聴衆を見渡せるような距離）となります（下の図）。

　生きものはみんな生まれたては母親と一体ですが、成長とともに外の世界に出ていくように宿命づけられています。人間も2～3歳になると母親のもとを離れますよね。ちょっ

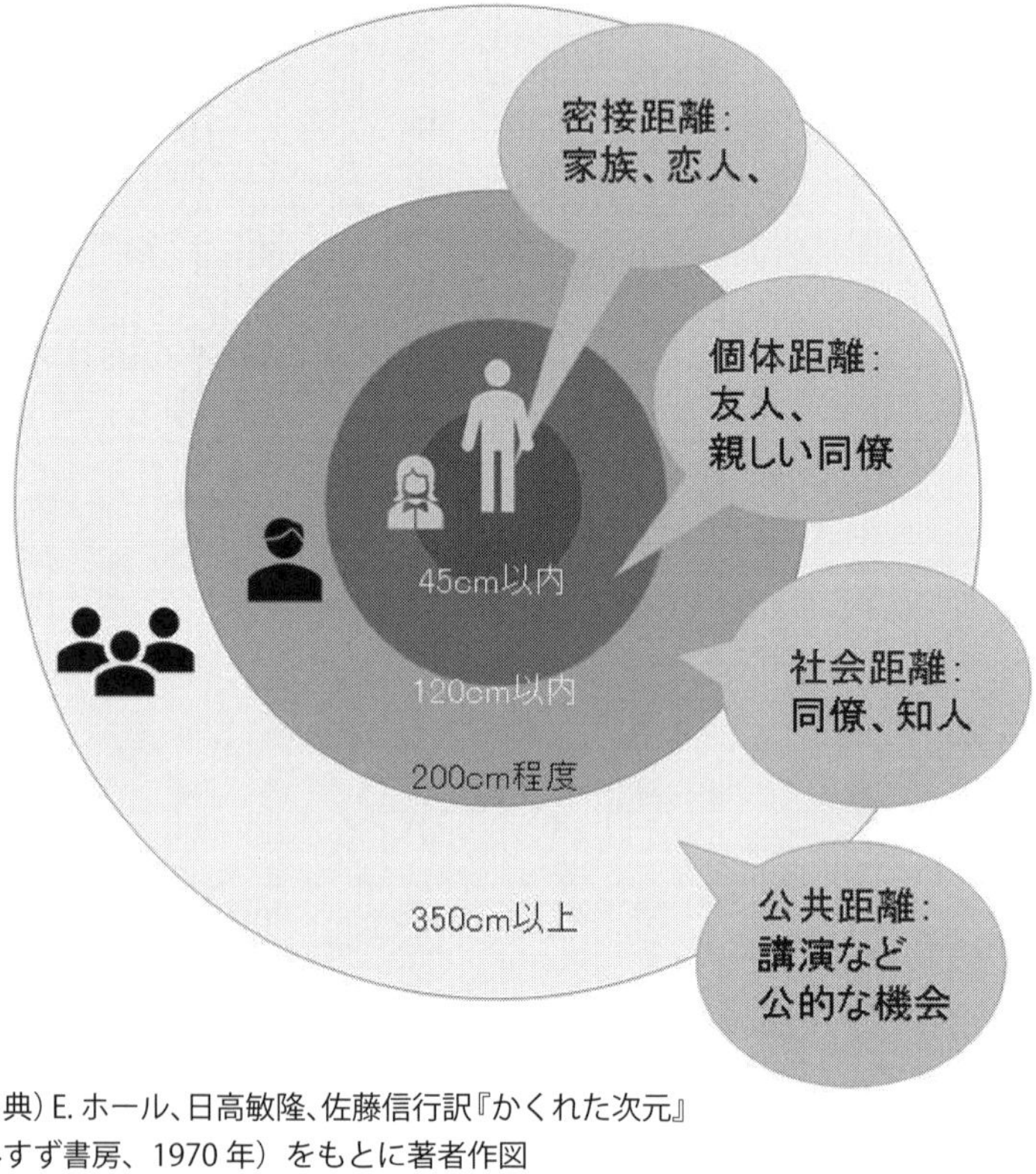

（出典）E. ホール、日高敏隆、佐藤信行訳『かくれた次元』
（みすず書房、1970 年）をもとに著者作図

と離れては危険や不安を感じると戻り……と、トライ&エラーを繰り返しながら往復運動をするようになります。これは自分なりのパーソナルスペースを少しずつつくっている段階。そもそも、人は人を警戒するように出来ているので、まずは距離を取り、少しずつ間をつめながら、自分の体をものさしにして親しさの度合いを計っていくのです。ここまでなら大丈夫、これ以上は危ないと試行錯誤しながら、ぎりぎりのところを見極めていくんですね。自分なりのパーソナルスペースが確立すると、自我も確立してきます。

このようにして本能レベルで成長すべきところに「一律2ｍ」みたいな数字が強いられてしまうと、子どもは他人との適正な距離感を体で計れなくなってしまいます。そして、そのまま大人になってしまうと他人との距離感がつかめず、本来の自分の感覚よりも近すぎたり、遠すぎたり……と、自分の距離感ではないところで生きていくことになるのです。そうすると、心のなかに不全感みたいなものが出てくることがあるのですね。パーソナルスペースの確立は自我の確立につながるものなので、そこにつまずきがあると自我が危うくなり、その不全感を何か別の過剰なもので埋めようとします。たとえば、極端にベタベタしたり、極端に場を盛り上げたりすることもそうです。「友だちっていうのは、こういうふうに盛り上がるものだよね」という理想形を目指して演出するのです。これは第1章❸でお話した「ハイパーリアル」ですね。実際の友情ではなく、友情の理想形を表現する。

それで、なんとなく安心するという状態が生まれます。

このようなことは、コロナが流行する前から学生たちと接するなかで感じていました。いまの学生たちが育ってきた時代背景として、パーソナルスペースがきちんと育まれなかった事情、たとえば親が子どもを危険から遠ざけるために自分のそばに置きすぎたり、逆にあまり子どもの近くで過ごさなかったり……など、何かがあったのではないかと思っています。

人は無菌状態では生きられない

――コロナ自粛中、ある幼稚園児のお母さんから「娘が神経質になってしまい、友だちや兄弟が近づいてくると『菌がつくから離れて！　ソーシャルディスタンス！』と叫ぶようになってしまった」という話を聞きました。感染防止との兼ね合いも難しいですね。

――これもやはり、親のあり方だと思います。コロナ以前から除菌・消臭商品のコマーシャルがすごく増えていたように、大人が「汚いモノ」に過剰に反応するようになっていましたよね。常に除菌ジェルを子どもにもたせたり、つり革にはつかまるなと教えたりする親も増えていたと聞きます。そもそも、我々は無菌状態では生きられません。「汚いモノ」を避けて暮らしていると、体はどんどん弱くなってしまいます。赤ちゃんだって、生まれるときにお母さんの産道を通りながら雑菌を飲み込み、体内に取り込むことで豊かな腸内細菌叢を形成するのですから。人は菌と出会い、受け入れたり戦ったりしながら自分の体を健康な状態に維持しているのだということを、きちんと子どもに説明しましょう。その上で、病気の感染予防も必要だと伝えることです。むやみに「人に近づくのは汚い、危ない」という伝え方をすることはよくないと思います。

それから、僕が常々思うのは、人間のなかにある本能的なもの、無自覚なもの、意識しなくてもオートマチックで動いているものは人為的にコントロールしない方がよい、ということです。人との距離感もそうですね。これは幼い頃から、誰もが自分の体をつかって少しずつ身につけていることであって、教えられて学ぶことではありません。この「なんだかわからないけれど、これが落ち着く」という感覚は、生きものにとって非常に大切です。

感染症が拡大している時期には、ソーシャルディスタンスも致し方ないとは思いますが、それはあくまでも感染を防ぐためであって「お友だちが汚いということではないんだよ」と、小さい子にも分かるように伝えたいですね。感染拡大時に人混みに行かないというのは感染防止のためだけでなく、親が「ソーシャルディスタンス！」と声を荒げなくて済むようにという意味でも大事なのかもしれません。

7 マスクの下の顔、見えなくても大丈夫？

「ありのままの私」はどこへ？

──私たちの生活にマスクはすっかり欠かせないものとなりました。このマスクが子どもの心の成長にどんな影響を及ぼすのか、非常に気になっています。マスクといえば、コロナ流行以前から若者たちの間にマスクを外せない「マスク依存」が蔓延していましたよね。ここにはどんな心理が隠されているのでしょう？　まずはそこから聞かせてください。

──マスク依存は、自己肯定感の低さ、自分の姿を消してしまいたい気持ち、他人への嫌悪感や恐怖心など、いまの若者の心理がよく表れていると言われています。

まず、若者の顔に対する認識について言うと、女の子がお化粧を始める年齢がどんどん下がっていますよね。小学生でもお化粧をしたがる子がたくさんいます。そんな風潮に乗って、子どもに鏡を見せ「もっとこうしたら？　ああしたら？」と顔に手を加えることを大人が煽るのはよくない、と僕は思っています。第1章❻でもお話しましたが、人間のなかに自然にあるもの、オートマチックで働いているものは放っておくほうがいいのです。それをコントロールしようとするとムリが生じて、いずれ苦しくなってきますから。思春期になれば男子も勝手に鏡をみるようになるので、そうなれば放っておけばいいと思うのですが、それ以前の年齢の子に容姿を意識させることは要注意です。

いまは、その気になれば顔も体も変えられる時代。整形に対する抵抗感や嫌悪感の壁も、まもなく崩れるでしょう。生死以外ならだいたいのことはコントロールできる、という認識がかなり広がっていますね。顔をそのままにしておくのはいけない、手を加えないといけない、という流れもどんどん強くなってくると思います。かつては、「外見は変わらない」という条件が大前提。そのなかで自分をどのように受け入れ、内面をどのように成長させていくかということを誰もが考えていたのですが、状況はかなり変わりました。

こうしてあらゆる望みが簡単に叶えられそうに見えるとき、唯一自分の力でコントロールできないものとして最後まで残るのが他者の目です。ものさしが自分ではなく他者の目になり、他者からどう見えるか、どう扱ってもらえるか、ということが重要になってくるのですね。いわゆる承認欲求です。本来の「自己肯定感」とは、ありのままの自分を自分自身で認めることにありますが、いまの若者の間では、社会が求めるスペックを満たして周囲から認められればＯＫ、そうでなければ「自分にはあるべきものがない＝自己肯定感を高く保てない」と、承認欲求が基準になっているのです。そんな若者たちが「他人に高く評価されない自分の顔をさらすのはイヤだ」という気持ちからマスクで顔を覆うのは、自然な流れかもしれません。

「ありのままの姿見せるのよ／ありのままの自分になるの」という一昔前のディズニー映画のテーマソングは、「ありのまま」をさらすことを恐れている今日の若者や子どもたちの願望を示したものでしょう。彼らは「ありのまま」では受け入れてもらえないと思い込んでいるから、マスクの下の顔に可能な限り手を入れて「イケてる」自分をつくりあげるために必死なのです。

他人への恐怖心や嫌悪感も、マスク依存の一因ですね。人間関係そのものが複雑になっていて、恋愛ですら一歩間違えば相手がストーカー化する時代ですから。こうした「人と関わるのはリスク要因でしかない」という空気は、コロナ以前から若者の間にありました。マスクは、そんな社会をシャットアウトできる便利なものであり、今回のコロナ騒動を経て、感染防止とは違った意味でも若者たちの間に完全に定着したように見受けられます。

こうしたマスク依存の原因をつくっているのは、自分への過度な意識の集中です。その意識は不安に由来するものであり、多くの場合、根本には「何か特別なことをしないと愛されない」という幼少期の意識が潜んでいます。幼少期の親との関わり方、さらには親自身と世の中との関わり方が、こうした不安感の大きな要因になるのですね。ありのままの……と悠長に歌っている場合ではなく、親は日常生活のなかで子どもの「ありのまま」を守るべく最大限の努力をしなければいけません。何より大切なのは「特別なことをしなくても、一緒にいるだけで十分」だという関係性。親が世間に向かって極端な自己演出（過剰な服装やお化粧、ステータスの誇示など）をする姿勢も、子どもにとっては「そこまでしないと外の世界では認めてもらえないんだ」という根源的な不安につながりかねません。大人もできるかぎり「ありのまま」でいることが何よりだと僕は思います。

一度マスク依存になってしまうと、なかなかマスクを外せなくなってしまいます。マスクなしでは人前に出られず、対人恐怖が悪化することもあるでしょう。新型コロナウイルスの流行が落ち着いても子どもがマスクを外すことに抵抗するようであれば、ゆっくりと時間をかけて信頼できる人との人間関係から建て直していく必要があるかもしれません。

マスクの下の表情、読み取れる？

――子どもは成長過程で、相手の顔を見ながらコミュニケーションを学んでいきますよね。顔から手足が生えている絵を描く子がたくさんいることからも、子どもにとって顔は非常に重要な要素であることがわかります。たとえば、赤ちゃんのお世話をするお母さんがいつもマスク姿だったり、自分自身も幼い頃からマスクを強いられたりすることで、子どもたちに人の表情を読み取る力は育つのでしょうか？

——実際に新型コロナウイルスの流行でマスク生活が始まって以降、保育士さんたちの間から「子どもたちが無表情になっている」「こちらの気持ちが通じていないように感じることがある」という声があがっているようです。

第1章❶でもお話しましたが、乳幼児期は「アタッチメント（愛着）」と呼ばれる身近な人とのつながりをつくっていく大切な時期。この時期に周囲の大人たちの顔半分がマスクで隠されていると、表情から人の気持ちを読み取る力など、コミュニケーションの基本となる力がきちんと育つのかどうか懸念はありますね。ただ、まだマスク生活が始まって数カ月ですので、結論を出すのは時期尚早かと思われます。

いずれにせよ、マスクを外して過ごす家庭内では、以前と変わらない落ち着いたコミュニケーションを心がけたいですね。「せめて家のなかでは、無理をしてでも表情豊かに過ごさねば」と意気込んで、強引に笑ったり笑わせたり……と楽しい雰囲気を演出することはおすすめできません。いつもどおり、が一番です。

ただ、悲観すべき点ばかりではありません。唐突ですが、動物の目を思い浮かべてください。白目がほとんど見えないでしょう？　白目の範囲がこんなに広いのは人間だけです。人間の目は白目の範囲を広くすることで、黒目の動きがはっきりと分かるようになっています。進化論的にいうと、人間の目がこのような形状になったのは、黒目がどこを見ているかが分かるようにするためなんですって。人間は動物に比べて目の動きだけでも高度なコミュニケーションをとれるようになっている、ということなのです[*6]。

これもまた唐突ですが、能の舞台を思い浮かべてください。登場人物はみな能面で顔を覆っています。その能面も、般若、翁……など数は限られていますよね。世界にはいろいろな仮面劇がありますが、どれももっと喜怒哀楽のはっきりした面を使います。日本の能は表情を抑制した面で感情を表す、つまり「隠すことによって見せる」ということをしているのです。これは演じ手にも、その感情を読み取る観客にも、非常に高度なコミュニケーション能力が必要とされます。日本人は古くからこういうことをしてきたわけです。

また別の事例ですが、たとえばイスラム圏には、女性たちに髪ばかりではなく、顔の一部も隠すような宗教的戒律が課されている国があります。これは、ほかの文化圏からは女性を抑圧するものだと受け取られがちですが、そのような戒律が人間のコミュニケーションを制限したり、その能力を欠落させたりしている、といった報告は現在まで聞かれていません。

こうした事例を考え合わせてみると、マスクが生活から切り離せないものになったとき、むしろ僕たちには「マスクの下で、この人はどんな表情をしているのだろう」と相手の感情を想像する力がつくのではないか、と僕は思っています。先のことはまだわかりませんが、そう考えれば、このマスク生活はそこまで悲観しなくてもいいのかもしれませんよ。

第2章

からだ

たくさん食べる、たっぷり眠る、心ゆくまで遊ぶ。
子どもの体のためによいと言われていることは、皆さんすでにあれこれ実践していることと思います。でも、もう一歩先へ。身体論を専門的に研究されてきた弘田さんならではの、子どもの体の育て方について聞いてみました。
しなやかな野性の獣のような体があれば、厳しい時代がやってきても生き抜いてくれるだろうと信じつつ。

8 人と安心してつながる感覚を育てる

腹を据えるのも、腹をくくるのもおなかの仕事

――非常事態に強い人、というのはいわゆる「腹の据わった人」だという印象があります。大人もそうですが、子どももそうであってほしいですよね。そのためには、体のどこに注目したらよいのでしょう?

――それは、まさに腹、おなかですね。腹を据えるというのは、どうしようもない事態において「しょうがない、もうやるしかない」とすべてを受け入れること。これはなかなか力のいることです。腹を据えられない人もたくさんいます。

腹のつく言葉を思い浮かべてみてください。腹をくくる、腹を割る、腹を見せる、腹黒い。どれも感情の深いところに直結していますよね。腹が立つ、腸《はらわた》が煮えくりかえるなど、怒りの感情もよく「腹」という言葉で表されます。このことは単なる言葉の上のことではなく、実際に怒りの感情が突発的に生まれると腹筋が緊張したままになります。

ちなみに「キレる」のは首から上、頭の話。怒りの感情も腹が立ったり、煮えくりかえったりしているうちは、おなかのなかに収まっているのです。すぐにキレる人というのは

いわゆる「気」をしっかりと腹に収めておけない人。「気」が頭に上がっていってしまうんですね。非常時に腹を据えることができず、感情を爆発させる人も同じです。[*12]

キレやすい子どもについては、1990年代からよく聞くようになってきました。おなかがしっかり育っていない子が増えているのではないか、と僕は思っています。おなかというのは臓器でいえば消化器官。食べものだけでなく、外の世界のさまざまなものを受け入れて消化していく場所でもあります。自分にとって相容れない激しい感情というものも、我慢するにせよ、周囲にきちんと伝えるにせよ、しっかりと腹で処理できればキレることはありません。

おなかを育てる方法とは？

――「おなかを育てる」というのは斬新な表現ですね。具体的にどういうことなのでしょう？

――おなかを育てる……。たしかにあまり聞かない表現ですね(笑)。おなかで人を信頼すること、おなかで人と向き合うことを赤ちゃんのころから体で伝えていく、ということも、ひとつの方法だと思います。

人間の人間たる所以は何だと思いますか？　従来は言葉や知性だと言われてきましたよ

ね。けれども、京都大学・霊長類研究所の松沢哲郎さんたちは、チンパンジーも訓練によって言葉に当たる記号を使いこなし、十分な知性をもっていることを示しています。では、チンパンジーにはできなくて、人間の親子だけがすることとは何でしょう？　それは、仰向け寝でのコミュニケーションです。内臓の詰まったおなかはウィークポイントなので、どんな生きものも基本的にはおなかを守ってうつぶせで眠りますが、人間だけは日常的に仰向けで眠りますよね。松沢さんたちは、この仰向け寝が人間の感情を育てたと言っています。安心した状態で親におなかと顔を見せて眠ることで、人を信頼する力が育まれているのですね。

もう赤ちゃんとは呼べない年齢の子であっても、仰向けでごろごろして顔を見ながら話をするようなひとときは、ぜひ大切にしてください。それは人間ならではの行いです。特に話すことがなくても、なんとなく伝わりあうようなつながりこそが、人間を人間らしい感情の持ち主にしているのです。

また、だっこも非常に重要な親子の触れ合いです。縦に抱くにせよ、横に抱くにせよ、だっことは赤ちゃんと「真ん中」が合うもの。真ん中、というのは位置としての中心という意味ではなく、お互いがお互いの中心で釣り合っているという感覚ですね。おなかとおなかを合わせて、自分と赤ちゃんの重心がしっかりと釣り合うような形で両手でホールドする状態になったときに、お互いに安心できるだっこが成り立ちます。このだっこが人間としての「真ん中」の感覚、言い換えれば「おなかの安定感」を育ててくれるのです。

これが成り立たないのが、赤ちゃんをぶら下げるタイプのだっこひも。親は手が使えるので非常に便利ですが、赤ちゃんは足をぶらぶらさせてぶら下がっているだけで、重心も釣り合っていません。家事をしたり赤ちゃんを連れて出かけたりするのに便利なので、もちろん使うことを否定はしませんが、毎日だっこひもでのだっこだけだと、人としての「真ん中の感覚」が育たないような気がします。

おなかを合わせて安心するような感覚は、親しい者同士でハグをする際にも感じられるものですね。では親しくない人が自分の目の前に立つと、どのように感じますか？　脅威を感じませんか？　たとえば、それほど混んでいない電車の中で急に自分の真正面に人に立たれると、びっくりしますよね。それはやはり、おなか、そして体の中心の軸が親しさの感覚を司るものだからでしょう。

先ほどもお話しましたが、おなかには消化・吸収の臓器が入っています。だから「これは受け入れても大丈夫かどうか」という感覚に非常に敏感なのです。この感覚は、赤ちゃんの頃に保護者の方にしっかりと「真ん中」を合わせてもらってこそ養われるものだ、と僕は考えています。だっこを通して何を育てているのか、意識するだけでも変わってくるものはあると思いますよ。

――仰向け寝やだっこで、安心感、信頼感、真ん中の感覚を育んでいくのですね。これが育っていない子ども、というのはゆくゆくどうなってしまうのでしょう？

――人と安心してつながる感覚の育たなかった子どもは、大人になっても他人と信頼関係を築くことが難しい場合があります。だから、その不安定さを隠すために、またはそこから目をそらすために、「つながっている感じ」を過剰に演出するのですね。第1章❸でお話した「ハイパーリアル」です。僕が教えている学生たちを見ていても、そうした様子が見てとれることがよくあります。

しっかりと育ったおなかは、いざというときに腹を据えたり、人と向き合えたりする力の源になります。非常時だけの問題ではありません。いざ何か起こってから何とかしようと思っても難しいのですね。日常のなかで、きちんと育てたり、整えていたりしたことが力を発揮するのです。

9 親子の一体感を育てる「内側」の感覚

子どもが「内側」にいるときにスマホをいじっていませんか？

――「おなかを育てる」というお話をうかがいましたが、ほかにも体という視点から育んでいけることはありますか？

――そうですね、「内側の感覚」を育てるということでしょうか。人は言葉にしなくても内と外の感覚を敏感に感じ取っています。たとえば「このメンバーと一緒にいると、なんとなく疎外感がある」とか「この人には身内的に扱われているような気がする」など、肌で感じることは誰にでもあるでしょう？　こうした感覚のもとになるのが、幼児期のだっこやおんぶなどを通して感じた親との一体感です。

実際にやってみましょうか。体の前で大きなボールを抱えるようなイメージで、両腕を丸めてみてください。そうすると「外側と内側」が明確になりますよね。この内側の空間は、親と子が呼吸を合わせ、同調できる空間。子どもをだっこしたり、そばに抱き寄せたりして内側に入れているときは、「ここに子どもを入れている」という意識を親が持つことが大切です。では、この状態で片手にスマホを持って、そちらに意識を向けてみてください。途端に内側の雰囲気が変わりましたよね？　スマホに意識がいった瞬間に、内側が内側ではなくなるのです。子どもをだっこしながらスマホを楽しんでいる人は、子どもを内側に入れているようで、実は入れていないのです。

もちろん、親とは常に忙しいもので、家事育児のあいまにスマホを触る時間も必要です。けれども、いつも子どもを内側に入れたまま、この内側の感覚から気を逸らしていると、子どものなかで「親の内側に入っている」という感覚は育ちません。それどころか、「親というのは距離的にはそばにいても、内側には入れてくれない人」という印象が後々まで子どものなかに残ってしまいます。そうした印象は後からではなかなか塗り替えられないものなのではないでしょうか。

幼児期の子育てを通して、子どもに伝えるべき最も大切なことのひとつが、この「内側の感覚」です。極論をいえば、伝えるべきはそれしかないのかもしれません。それなのに、そこが抜け落ちていっている……というのが、いまの子育ての姿ですね。幼児教育を云々する以前に、この最初のボタンをかけ違えてしまうとすべてがズレてきてしまいます。

――第1章❻でパーソナルスペースのお話が出ましたが、「内側」についてのお話もつながってきそうですね。

——そうですね。パーソナルスペースをつくっていくためにも、出発点である「内側の感覚」がきちんと育っている必要があります。安心して内側に浸りきったからこそ、外側に出ていくことができるのです。ちょっと外に出て、心配になると親のところに戻ってきて、安心するとまた外に出ていって……という繰り返しを経て、内側はだんだん広がっていきます。そうした経験を積んでいくからこそ、3歳くらいになるとパーソナルスペースができてくるのですね。このプロセスは自我の確立そのものです。そう考えると「内側の感覚」は人間存在のベースだと言えるでしょう。この感覚が見失われてしまうことは、後々の生きづらさにつながってしまいます。

「いまは子どもが内側にいるから意識を内側に集中させる、スマホは後で触る」、もしくは「まずスマホで用事を済ませてから、子どもとゆっくり過ごす」など、子どもと向き合う時間とスマホを触る時間を「ないまぜ」にしないこと。それだけの単純なことです。小さなお子さんを育てている方は、ぜひこの「内側の感覚」を自然な形で意識しながら、だっこの時間を大切にしてあげてください。

「知らない人は怖い人」と教え込まないで

——内側、外側のお話のついでに教えてください。かつてののどかな時代と違って、いま保護者の方々は子どもたちが一人で外に出たり、知らない人と関わったりすることを恐れる傾向にあります。このような中で、子どもたちに社会性・社交性を学んでもらうにはどうしたらよいでしょうか？

——たしかに、子どもに関わる事件は連日メディアで報道されています。SNSでも近隣の不審者情報などが随時流れてきますね。このような状況下で、子どもに対して「どんな人とも関わりなさい、親切にしなさい」というメッセージを発することは難しいでしょう。とはいえ、人を怖がること、人を恐れることを直接的に子どもに教えるべきではないと僕は思います。たしかに、人に関わったがゆえに危険にさらされることはあります。けれども、知らない人について行かないことをしっかりと教え、さらに幼児や小学校低学年のうちは親がきちんとついていれば、それほど大きな危険はないはずです。小学校中学年あたりから一人で外に出かけたがるかもしれませんが「どこまで行くのか」「いつ帰ってくるのか」という事前のやり取りと、「○○から先へは行ってはいけない」というルール設定で十分身は守れると思います。

当然ですが、世の中にはいろいろな人がいます。優しそうに見えても、実際は危険な人もいるので注意すべきなのはたしかなことですが、親が子どもに「世の中の人々は怖い人ばかりだ」と教え込むことは、その後の生活を考えるとよほどリスクが大きいでしょう。

子どもたちは、いずれ自分の力で「外側」の世界と関係を結んでいかなければなりません。今日明日、身を守ってやることと同じように、「外側」の世界でもしっかりとコミュニケーションをとれる力の芽を育んでやることも、親の役目のひとつだと思います。

10 「上虚下実《じょうきょかじつ》」の体をつくる呼吸とは？

「頭はカッカ、足元は不安定」な現代人

大人も子どもも疲労が溜まったり、不安定になったりしやすい時代です。非常事態がやってきても落ち着いていられるように、日常のなかでもっと心を整えていきたいと思うのですが、どのようなことに気をつければよいのでしょう？

一日中スマホやパソコンを触っていたり、ハードワークで疲労を溜め込んでいたりする現代人は、目と頭ばかり使って首も肩もがちがち。子どもたちもそうですね。さらに、子どもたちが好きなアニメやYouTubeは語尾を跳ね上げた話し方をするものばかりで、聴いているだけで否応なくテンションを上げられてしまいます。そんな日常生活では「気」が上へ上へと上がりがち。頭にエネルギーが集まってカッカしてしまい、地に足がついていない不安定な状態になってしまいます。頭への刺激が強すぎるために、首から下の体が置いてきぼりになってしまうのですね。この状態はゲームやスマホと向き合うには適していますが、体全体が疲労するわけではないので夜の眠りが浅くなり、疲れやすくなったり、不調を招きやすくなったりします。本来、子どもに必要な体とは、上半身の力

がほどよく抜けていて、下半身に力が満ちている「上虚下実」の体。これは自分のもっている力を発揮できる体であり、東洋の武術やヨガでも追求されるものです。

――「上虚下実」とは、初めて聞いた言葉です。そのような体をつくるために、家庭でできることはありますか？

――日常生活でできることをひとつ挙げるとしたら、上がってしまった「気」を下げて、下半身にしっかりと重心をもってくるような呼吸をすることです。これはぜひ親も一緒にやってみてください。頭にばかり「気」がいってイライラしていると、子どもにも伝染しますから。親が変わると、子どもの姿も変わってきますよ。

では、やってみましょう。正座でもあぐらでも構わないので、ある程度緊張感のある姿勢ですわったら、ゆっくりと息を吐きます。軽く口をあけて、ずっと吐き続けられるようなイメージで細く長く吐きましょう。気圧を下げていく、空気を抜いていくようなイメージです。息を吐きながら、みぞおちを押さえてください。みぞおちを押さえながら吐くと、指がみぞおちに入っていきます。みぞおちが硬いと息を吸っても十分に息が入ってきません。押さえながら呼吸をしていると、少しずつみぞおちが柔らかくなってきます。こうして細く長い呼吸を続けていくと、少しずつ肩が下がって体が下に沈んでいき、落ち着きや静けさ、体がまとまってくるような感覚が出てきます。「沈む」は「静まる・鎮まる」、「落ち着く」は「落ちて」「着く」ですから、自分で自分の呼吸をゆったりと見つめることによって、上がってしまった「気」を下げて鎮めることができるのですね。あとは体にまかせましょう。吐き切れば、自然と吸うことができます。呼吸をしていることを忘れるために息を吐くようなイメージです。

日常のなかでも、子どもに対しては上から下へと「気」を下げる動きを意識するとよいと思います。たとえば、背中を上から下へとさすってあげる動き。女の子だったら、上から下へと櫛をあててあげる時間をゆっくりと取るのもいいですね。そこから呼吸が整い、落ち着きが生まれます。子どもに話しかけるときも、上から下へという抑揚を意識して声をかけてあげる方がいいでしょう。下から上に語尾を上げるようにして話すと詰問調になったり、強制的にテンションを上げたりするので要注意です。

子どもを落ち着かせるというのは、単にだらだらとリラックスさせるということではありません。日常のなかに、静けさを生み出す時間をつくること。親が穏やかな呼吸で接すれば、子どもは自然と同調してくれるでしょう。そうすれば、少しずつ体は「上虚下実」の状態に近づいていきます。ぜひ親子で呼吸を見つめ直してみてください。

相手の呼吸に合わせる、ということ

――災害に遭うと、避難所で見知らぬ人たちと生活を共にすることもあるかと思います。そんなときも、落ち着いた呼吸ができると気持ちが安定しそうですね。

――そうですね。たとえば見知らぬ人たちと同じ部屋で過ごすことになったとしても、「物音を立ててはいけないのだろうか？」逆に積極的にまわりに声をかけなければいけないのだろうか？などと慌てふためく必要はありません。「普通」に過ごせばいいのです。この「普通」は難しいですね（笑）。コツはただひとつ、どんなときも、先ほどお伝えしたようにゆっくりと息を吐くことです。たとえば、静かな部屋のなかでガサガサと荷物をあさるのは、気兼ねしますよね。こんなときに焦って鼻息の荒い状態で動くと周囲の人の神経を逆撫でするのですが、ゆっくりと息を吐きながら動くと、意外に周囲の人は気にならないものです。なぜなら、ゆっくりと呼吸をしている人はその場の空気に同調するからです。人はその場の空気に馴染んでいる人に対して意識が向かないようにできているのですね。電車のなかで携帯電話で喋る人は、どんなに小さな声で話していても周囲を苛立たせるでしょう？　これは1人だけその場の空気に同調していない状態になるからです。

会話も呼吸が大切です。緊迫した状況で見知らぬ人と話さねばならない場合は、相手の呼吸をみましょう。テンションが上がっていて浅い呼吸で話している場合、その呼吸に合わせるとケンカになってしまうことがあります。その場のテンションを下げる方向でお互いの呼吸が合っていくことをイメージして、慌てずにゆっくりとした呼吸に切り替えてください。場の空気が落ち着いていくはずです。

呼吸は人間のベースになるもの。呼吸に落ち着きがなければ思考も感情も落ち着きのないものになってしまいますが、呼吸が整っていると心も整い、突発的な出来事にも余裕をもって対応することができます。さらに「上虚下実」の体は心身に安定感をもたらすだけでなく、自分をその場の空気に馴ませることができるという意味で、非常時にこそ生きてきます。いざというときのベースになりますから、日頃から少しずつ意識しておくとよいですね。

余談ですが、僕は小津安二郎監督の『東京物語』という映画が大好きです。尾道に住んでいる老夫婦が東京の子どもたちに会いに行く話なのですが、登場人物の話し方に注目して観ると興味深いですよ。老夫婦はゆったりとした語尾が下がるような話し方をしているのですが、パーマ屋を経営しているやり手の娘は気が立っているような話し方をしています。話し方だけで地方と東京のギャップを描いているのですね。『東京物語』から約70年経ったいまを生きている僕たちは、あの老夫婦のようなゆったりとした話し方も呼吸もしていないんだな、と改めて考えさせられました。

11 瞬時に動ける「腰の入った体」をつくろう

「鑑賞者モード」になっていない？

——たとえば地震や水害など突発的な事態が起きたとき、瞬時に動ける人と動けない人は何が違うのでしょう？　「動ける人」でいるために、日頃から意識しておく方がいいことはありますか？

——「腰が入っている、腰が抜ける」という表現、よく聞きますよね。瞬間的に動けるかどうかは、この「腰」にかかっています。昔はどこの家も畳敷きでソファも座椅子もなく、大人も子どももあぐらか正座がデフォルトでしたよね。その頃は、みんな今よりも腰を立てた状態で生活していました。腰を立てるというのはどこにも寄りかからず、自分の胴体を腰の力で立てている状態です。そのような状態にしておくと、足をさばけば、ぱっと立つことができます。

いまはどうでしょう？　たとえば、家のソファでくつろいでいるとき、腰はどのような状態になっていますか？　ぐだーっと伸びている状態ですよね？　ごろんと寝転んでスマホをいじっていることも多いでしょう？　これは、腰の力の抜けた「鑑賞者モード」です。

このモードになると首に力が集まります。何かあっても首から先を働かせてまわりを見ているだけ。ソファに寄りかかって映画を見ているような状態、画面の中でどんなに縦横無尽にヒーローが動き回ろうとも、首から上だけで眺めているという状態です。このような状態でテレビを見ていたとしても、驚天動地のニュース速報が流れ、場面がその現場に切り替われば、この鑑賞者も腰を起こして前のめりでニュースに集中するでしょう。つまり、リラックスした鑑賞者モードのときは首から上だけでよいのですが、社会の一大事に集中しようというときは、前のめりになって自分で腰を立てないといけないわけです。

しかし、常に腰の抜けた状態で暮らしていれば、何かあっても瞬時に鑑賞者モードから切り替えることができなくなってしまいます。だから腰が抜けた状態をデフォルトにせず、何かあったときにぱっと腰を立てられることはとても大事です。

さらに言えば、腰骨は全身のなかで一番太い骨。重いものを動かすときも、腕だけでなく腰を使うのがもっとも合理的な体の使い方です。常日頃からできる限り腰の入った状態にしておくことで「瞬時に動ける」、「最小限の力で大きな力を発揮できる」という非常時に強い体をつくることができます。

腕を使わず腰を使う、日本古来の体の使い方とは？

いかに腰が大事なのか、少し実践してみましょう。
正座をして伏せている状態で、誰かに上からぐっと押さえてもらってください。

図１．腰の力だけで起き上がるワーク

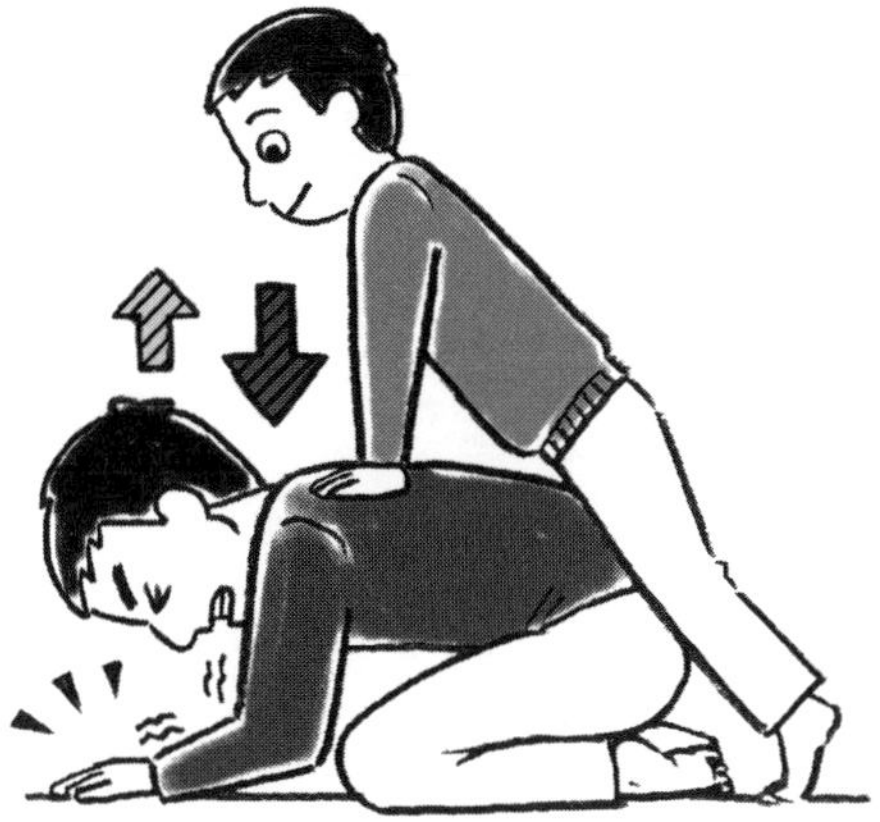

腕だけで起き上がろうとしても起き上がれない

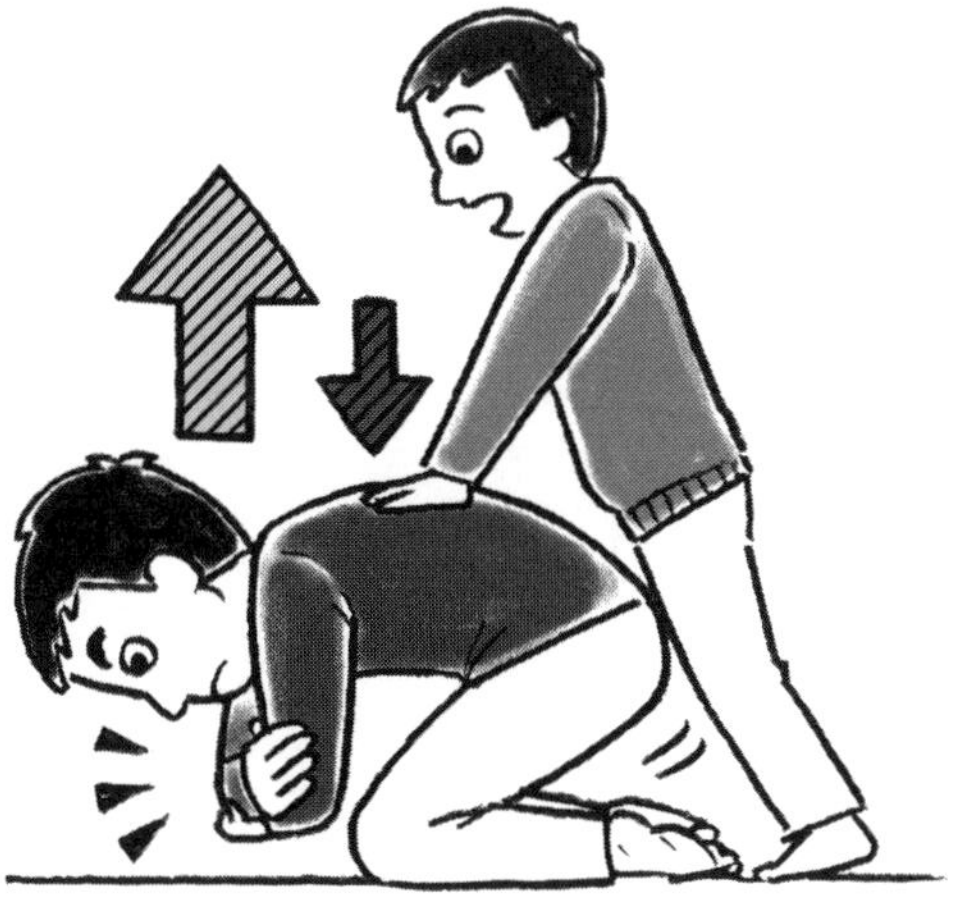

腕を浮かせて、腰の力で起き上がる

さあ、ここから上体を上げてみましょう。腕の力で起き上がろうとしても起き上がれないでしょう？　では手を床から浮かせて使えないようにして、腰の力だけで起き上がってみてください。ほら、簡単に起き上がれましたね。

これは以前、武術研究家の甲野善紀先生に教えてもらったワークです。私たちは手が使える状態だと手に頼ってしまうけれど、手の力というのは実は限られているのです。でも、腰を使うと、あっさり起き上がることができますよね。これが、手と腰の骨の太さの違いなのです。

もうひとつやってみましょう。

あぐらをかいて座っている人に脇を上げてもらったら、その脇の下に手を差し入れて、肩を吊り上げるような形で体を持ち上げてみてください。相手の体重をそのまま持ち上げるのですから、上がるはずがありません。では、お相撲さんが塩を撒くときの姿勢（蹲踞《そんきょ》といって、ひざを外側に開いてしゃがむ姿勢）になって、持ち上げてみましょう。腕は相手の脇を支えているだけで、力を一切加えないでください。踵《かかと》を上げた状態から、かかとだけを下ろしていきます。そこでぐいっと腰に力が集まれば、自分の体が持ち上がり、同時に相手も持ち上がってしまいます。腰に力が集まれば、手を使わなくても相手の体を浮き上がらせることができるよい例ですね。

腰が抜けた状態、つまり腕だけで重いものを持ち上げようとすると、持ち上がらないだけでなく、腰を痛めてしまいます。腰を下げて、腰と荷物を釣り合わせてから荷物をあげる。こうした体の使い方は日本の古流の武術や芸道の常識であり、いまは甲野先生たちの影響もあって、介護の世界などでも応用されています。

図２．蹲踞《そんきょ》の姿勢から座っている相手を立たせるワーク

腕は脇の下に引っかけるだけ

かかとを上げてひざを開いてしゃがむ
姿勢から、かかとを下ろして立ち上がる

ほかにも、昔の日本人がとても上手に腰を使っていたことがわかる例がいくつかあります。たとえば剣術。刀を扱うときは体の中心部である腰や骨盤から動き、手先は最後に動かします。人を刀で切るには相当な力が必要であり、そのためには腕だけでなく、体全体

の重みを乗せる必要があったのです。そのときに使われたのが、体の中で一番強い腰の力なのですね。

空手も、古流のものだと腰のラインから出された正拳突きがもっとも威力を発揮します。体重が乗りますから。蹴りも、古流の空手などでは腰の力を生かすために腰以上に足を上げません。伝統的な空手の蹴りは、腰の力が入った前蹴りなんですね。時代が下ってから回し蹴りも使うようになってきましたが、あれは脚をムチのようにしならせる遠心力を生かしたものです。

田植えも腰が入った姿勢です。一見つらそうに見えますが、あの「沈みの姿勢」でびしっと決まっていますから、非常に合理的に体が使えています。この田植えの姿勢と似ているのが阿波踊りの姿勢です。足がソの字になって、膝を揺らして腰を乗せていく。こういう腰の強さというのは、合理的でもあり、集中力の源泉でもあるのです。いまの生活のなかで、日常的にこのような形で腰を使うことは、まずありませんね。

——腰の力、すごいです！　驚きました。子どもの腰を鍛えるために、遊びのなかでできることはありますか？

——おすすめは、忍者ごっこです。忍者といえば、子どもも自然に腰を落として動くイメージができますから。たとえば、膝を曲げて気配を消した「抜き足差し足」の忍者歩き。この歩き方をされたら、いつのまにか距離を詰められている。怖い歩き方です。高いところから、物音を立てないように飛び降りるのも忍者です。膝を伸ばしたまま着地すると、ドン！　と音がして膝にも足首にも衝撃がありますよね。膝を曲げて腰を落として着地すると、衝撃を吸収してくれるので痛みもないし、音もしません。腰も鍛えられます。親子で忍者ごっこをすれば、翌日大人は筋肉痛になるかもしれませんが（笑）。

12 たまには風邪をひくのも悪くない

風邪は体を成長させるチャンス

――個人的な話ですみません。これまで年に1～2回は風邪をひいて高熱を出していたのですが、新型コロナウイルスが流行してから体調管理を徹底してきたので、軽い風邪すら一切ひいていません。時々熱を出していた頃は、熱が下がると生まれ変わったような爽やかさがあったのですが、最近はなんとなく体が澱んでいるような気が……。こんな時代に言うと不謹慎なのかもしれませんが、たまには思い切り風邪をひいて熱を出したいなあ、と思っています。

――その感覚はよく分かります（笑）。野口整体の創始者、野口晴哉《はるちか》さんが『風邪の効用』という本でも書いているように、風邪をひくことには実はメリットがたくさんあるんです。熱が出るのは、菌やウイルスと免疫のシステムが戦うにあたって、体が免疫を活性化させているから。ということは、熱は自分の体をより働かせるために上がるんですね。医学でも昔からこのようなことはわかっていました。野口さんは「風邪は自分の体をより成長させるチャンスなんだ」ということを説き、そのような考えから整体を実践したのです。

つまり、風邪はひかないことが大事なのではなく、うまく経過させることが大事なのです。風邪がうまく経過すると、これまで体のなかに留まっていた疲労が解消されますから。たとえば、目や頭など、使いすぎることによって疲労してしまう「偏り疲労」が解消されて、体のバランスが整うのも効果のひとつです。熱が引いた後、体が新しくなったようにすっきりするのも納得ですね。

たしかに新型コロナウイルスが流行して以来、うっかり風邪をひくこともできなくなりました。これはこれで、本当に良いことなのだろうか、と僕も思っています。マスクや除菌を徹底したことだけでなく、「コロナにかかってはいけない」という緊張感ゆえに風邪をひかないということもあると思います。多くの場合、人は張り詰めているときには、風邪をひきませんから。大事な試験や、穴をあけられない大きな仕事の直前よりも、すべてが終わって緊張がとけたときに風邪をひいてしまった、ということは大人は誰もが経験しているのではないでしょうか？　体は必要に応じて、ひくべきときに風邪をひいて、溜まりきった疲労などを出し切ってバランスをとるもの。そんな自然の流れに従う方が体にとってはいいのですが、いまはそれができないのがつらいところです。

僕たち現代人は、自分の人生をコントロールできると思っていますが、体のなかにある自然な流れをコントロールすることには無理があります。「絶対に風邪をひいてはいけない」というような発想をしていると、だんだんとしんどくなってきますよね。風邪もひくし、おなかもこわす。子どもなら、なおさらそのような不確定な事態は多いものです。コントロールしようとするよりも、不調をアクシデントだと思わずに、体調が悪ければ悪いなりにそこに合わせて生活していくことが必要でしょう。逆境にも逆境のよさがあるはずです。どんな状況にも「よさ」を見つけることが大事ですね。

近年、さまざまな学問分野や社会でも「レリジエンス」という考え方がされるようになってきました。これは日本語にすると「弾性・しなやかさ」。最終的にポッキリ折れてしまわないようにするためには、状況に応じてたわむことが必要なのです。体もさまざまな状況の中で右往左往するわけですが、「こうなったらもうダメだ」などと考えず、それぞれの状況下で「よさ」を見つけられる余裕をもちたいですね。

コロナ禍によって、熱が出ると外に出てはいけなくなってしまいました。しかし、体とのつきあい方として、整体で言われるのは「自分のなかでアクセルとブレーキを同時にかけない」ということです。つまり、熱が出るときは体が活性化しているとき。アクセルが踏まれている状態です。だから、熱が出ているときに下げようとするのは、アクセルとブレーキを同時に踏んでいることになります。

また、緊張しているときも体が活性化しています。だからそのタイミングで緊張をゆるめる必要はありません。試験前など、緊張感が高まっているところで「大事をとって休め」とわざわざブレーキを踏ませるのではなく、そこは勉強をやりきっていい。試験が終わってから休む方が体にとっては負担がないのです。体をコントロールしようとせず、体の声に従ってみる。現代人は忘れていることですが、試してみる価値はありますよ。

風邪をひいた子どもへの整体的ケアとは？

――「風邪をうまく経過させる」というのは面白いですね。たとえば、子どもが風邪をひいたときに、うまく経過させてあげられるように親ができることはありますか？

――まずは親がおびえないことですね。親がおびえてしまうと、子どもも過剰に怖がってしまいます。風邪をひくのは決して特別なことではなく、いわば人間の自然だと割り切っておきましょう。

熱があって寒気がする場合には、足湯がおすすめです。両方の足を同時にお湯に入れるのではなく、心地よく感じる片方だけをしっかりとお湯につけてあげてください。差し湯をしながら、心地よく感じる温度を追求することも大事です。蒸したタオルで後頭部を温めてあげるのもいいですね。

どんなことも「効くかどうか」よりも、それによってもたらされる「心地よさ」を基準にしてください。体が温まってきてほんのり汗をかいてくると、熱が出ていてもその心地よさがわかります。その「心地よさ」は自分の体を大事にしているという感覚であり、体にとってとても大きな経験です。ぜひ、しっかりと味わわせてあげてください。風邪をひくという、一見よくないと思える経験からも「よさ」を見つけることができると思います。

また、近年は国連もSDGs（持続可能な開発のための国際目標）と言っていますね。これは、実は身体にとっても大きなキーワードです。身体にとって持続可能とはどういうことか。まったく外部からの菌やウイルスを身体に入れないということはあり得ません。身体はつねに外部からの侵入者に曝《さら》されながら、それらを内部に取り込むことで生き続けています。外部との交流がないということは生命にとって死を意味します。そのような観点からも、風邪を引くことは自分の身体の外部と内部を混ぜ合わせることなんですね。もちろん、ある一定の年齢ではそのような外部からの侵入に耐えられなくなるかもしれませんが、それはもう生命として寿命なのだと思います。僕が今の状況で危惧しているのは、このまま外部からの菌やウイルスを避け続けることは、長く続く人生を考えた時に、結果的に個人の身体の抵抗力を落としてしまい、また生命を持続可能なものにしないのではないかということです。ある程度は、子どもは菌やウイルスとまみれながら、共に生活をしていく方がより長く、生活の質を保ったままで生きることができると思うのです。

第3章

くらし

誰もがはじめての長期休校を経験した2020年。どの家庭にもそれぞれの苦労があったことと思います。「子どもがゲームばかりしている」「学校の時間割に従わせるべきなのか?」「兄弟ゲンカがひどい」という声、「親自身が情報の海に溺れてまいってしまった」という声。たくさんの声を耳にしました。
非常事態下での暮らしにおける、そんな“困った”について、弘田さんならどう考えるのでしょう?　キーワードは「無人島で生き延びたロビンソン・クルーソーのように」だそうです。さて、その真意は?

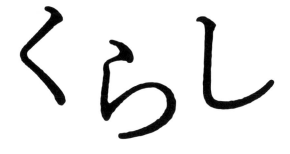

13　ロビンソン・クルーソーを目指して、親子でシフトチェンジを！

コロナ禍でルーティーンから解放された意味を考えよう

――新型コロナウイルスの流行による自粛により、私たち大人には想像以上にたくさんの気づきを得られたような気がします。これを機に、子どもたちの暮らし方、育ち方についても改めて考えたいと思うのですが、弘田さんはどのような方向で考えていますか？

――自粛期間には、仕事のスタイルを変えざるを得なかった方、仕事の機会そのものが激減した方もたくさんいらっしゃると思います。そのような状況下で最優先しているのは何でしょう？　「生きること」ではありませんか？　生きるために新しい仕事を探す、食べることを見直す、睡眠や運動を見直す、パートナーや家族との関わりを見直す。そんな日々なのではないでしょうか。実際、「なぜあんなに飲みに行っていたのだろう？　なぜこんなにたくさんの洋服をもっているのだろう？」と、これまでの生活がいかにムダで満ちていたのかを実感された方も多いと思います。決して望んでいたわけではないのに、もはやルーティンになってしまって逃れられないことがたくさんあった、と気付いた方も多いでしょう。もちろん新型コロナウイルスがもたらした不幸は多々ありますが、ルーティンから解放されたことで、ただただ労働と消費のサイクルをまわす日々から脱することができたのは、意味のあることだと僕は思っています。

休校中の子どもたちのなかには「一日中、だらだらとゲームをしていたい」という子が多かったようですが、それはいままで決められた通りに学校や塾に通ってきただけで、自分のしたいことを自分で組み立てる習慣がなかったことを表しています。これからは、生きる力に直結する知恵を身につけることを見据えて、学校がなくても自分で自分の暮らしを組み立てていけるようになりたいですね。そのためにも、暮らしのなかで何を身につければよいのか、親も立ち止まって考えるべきときにきているのだと思います。

無人島で生き延びたロビンソン・クルーソーのように

――休校期間中は、たくさんのお母さんから「勉強しなさい！　と叫びっぱなし」、「毎日が勉強しない子どもとのバトル」という声があがっていました。「生きる力に直結する本当の学び」と、いまたくさんの親子が四苦八苦している「勉強」とは、どう違うのでしょう？

――休校期間中は、どこの家庭も「いかに子どもに勉強させるか」ということに悩まされていましたね。ですが、親が必死になってさせたい勉強とは、いったい子どもがどこに向かうための勉強なのでしょう？　そこから考えてみましょうか。

文部科学省はこの20年間、教育の目的とは「生きる力」を身につけることだと言い続けてきました。この「生きる力」とは、社会を生きる力のことです。けれども、新型コロナウイルスの流行や全国で頻発する災害を経験している僕たちの世代は、社会が崩れていく時代を生きているとも言えるでしょう。誰もが被災者になるかもしれず、誰もが社会生活の基盤を失うかもしれない今日、子どもたちには無人島で生き延びたロビンソン・クルーソーのような「生きる力」を身につけるために学んでほしい、と僕は思っています。つまり、住まいや食べ物を得る力、未知の人々とコミュニケーションをとるための表現力、限られた状況のなかでのベストを見極める判断力、といったものをしっかりと養っていってほしいのです。余談ですが、『ロビンソン・クルーソー』を書いたD・デフォーが、ほぼそれと同じ時期にロンドンのペストの大流行について書き残しているのはなかなか示唆的です。

さて、これまでの子どもたちの学びを思い返してみてください。それは生き延びるために、そして本当の意味で他者とつながるために役に立つ学びでしたか？　大人たちが経済をまわすために働いてきたように、子どもたちは就職市場で商品価値を発揮する「学歴」のために学んできたのではないでしょうか？

コロナ禍での休校はまったく異例のことで親も頭を悩ませましたが、ある意味チャンスだったのではないでしょうか。僕は、子どもたちにはぜひ、「学校に行かずに済む」という状況を生かして学んでほしいと思っていました。自分の力で生きていくことに直結する知恵、離れていても他者と深くつながるための教養。大切なのはそうしたことです。いわゆる「お勉強」ではありません。子どもを机に縛りつけるために苦労している方は、少しシフトチェンジしてみるのもいいかもしれませんね。学校教育や家庭での学びについては、次の4章で詳しくお話ししましょう。

14 「アレがない、コレがない」で自分を縛っていない？

モノに縛られると不自由になる

——災害に見舞われれば私たちの日常は唐突にストップし、避難所生活を強いられるなど、自力ではコントロールのできない状況に陥ってしまいます。そのような状況でも混乱せず、平常心で暮らしを維持する力を親子で養っていくには、どうしたらよいのでしょう？

——非常事態のなかで生活せざるを得なくなったときに右往左往する人がよく訴えるのは、「アレがない、コレがない」ということです。そういうタイプの人は、日ごろからモノに頼った生活をしているのではないでしょうか？　家のなかに便利グッズがあふれていたりしませんか？　「アレがないとダメ、コレがないとダメ」というのは、自分でつくったルールでしかありません。そのルールに縛られることで、自分をどんどん不自由にしていくのは不幸ですよね。

たとえば僕が子どもの頃は、工作をしていて糊がないと祖父母がご飯粒でつけてくれました。いまだと、慌ててコンビニに糊を買いに行きますよね。「アレがなくても、コレがあればなんとかなる」という代替の手段は知恵そのもの。もちろん食糧品や日用品などある程度の備蓄は必要ですが、それだっていつかはなくなります。「完全な備え」という絵にかいた餅を求めるよりも、「替わりのモノでどうにでもできる」「なければないでやり過ごせる」と開き直れるだけの知恵をもっていたいものです。日常生活のなかでモノがなくて困ったときに買いに走らず、子どもと一緒に「どうしたらいいだろう？　替わりに何を使えばいいだろう？」と試行錯誤するのは、楽しみながらできるよい練習になりますよ。

面白い例をあげると、日本刀の長さは全部一緒なんです。江戸時代からずっと規格が決まっていて、その長さに合わせてたくさんの技が生み出されてきました。刀が3センチでも長くなったら技が狂ってしまうので、別の技の体系を考案しなければなりません。つまりモノはひとつ、それに合わせて体の使い方を無限に生み出す、という考え方です。「道具ひとつに使い方ひとつ」という便利グッズの考え方とは真逆ですよね。道具を最低限のところにしておくと「これひとつで何ができるのか？」と人は知恵を絞るのです。

子どもには自分の体を信じられるようになる体験を

――私は息子たちが幼い頃から親子登山をしてきたのですが、山のなかで人目を忍んで用を足そうとしたとき、息子たちは当たり前のようにできたのに、私だけまるでロックがかかっているかのように「出なかった」ことがありました。子どもの頃は、野原で用を足していた記憶があるのですが。習慣からかけ離れたことを急にしようと思っても、体が反応できないこともあるのですね。非常時について考えさせられた経験でした。

――トイレも大きな問題ですね。幼いときにトイレトレーニングで叩き込まれたことは人の体に深く刻み込まれていくので、ある程度の年齢以上になると外で用を足せと言われても「出ない」ことがあります。いまの都市生活ではウォシュレットのついた洋式トイレが当たり前。和式トイレでは用を足せない子もたくさんいます。洋式でないと……といったことに縛られず、どんなトイレでも、用を足せるようにしておくことは大切です。

たとえば真夏のエアコンもそうですね。いまやライフラインのひとつになっていますが、「熱中症になったら大変だから家にいなさい」一辺倒では、いざというときに体が適応できません。汗をかき慣れていないと汗腺が整っていないために熱を放出できず、あっけなく熱中症になってしまうのです。それでは、非常事態を生き延びることができません。親は外に出ることを禁じるよりも、子どもと一緒に外に出て「体はちゃんと適応できるんだ」ということを教えてあげてください。汗は体を冷やして体温を下げるために出ること、暑さに慣れていないと熱中症になりやすいことなど、わかりやすく説明してあげられるといいですね。体の仕組みを知っておくことは、いざというときに自分の体を信じることにつながります。

快適さに体が慣らされていくと、その前の状態に戻れなくなるのが人間の習性。トイレやエアコンのように便利なモノがなくても対応できる状態を平時からつくっておくことは、便利グッズを揃えるよりずっと大事なことです。そのためには、親自身に経験が必要ですね。祖父母の代からそうした知恵が伝わってきているといいのですが、そうでないのなら日々の生活のなかで意識してみることをおすすめします。

それから、「備え」についてもうひとつ。脳、つまり知性や論理は人の行動をコントロールするものですが、突発的、偶発的な出来事に対応することが苦手です。いざというときに、頭で考えようと思っても混乱するばかりだった……といった経験は誰にでもあることでしょう。漠然とした言い方になりますが、「そもそも、何もかもコントロールすることなど不可能だ」と自分に言い聞かせておくこと、「ある程度やったら、後は事態の推移に任せよう」と思えるような空白をつねに自分のなかにもっておくこと、これもまた大事な備えです。人事を尽くして天命を待つ、ですね。余裕や遊びも大切です。そうした空白があってこそ、何かあったときに人は動くことができるのです。

15 情報に踊らされて疲弊しないために

――大人も子どももつねにインターネットにつながり、情報を得られる時代。非常時となればさらに情報はあふれ、かえって混乱してしまうこともあります。コロナ禍での自粛期間中に蔓延《まんえん》しがちな「コロナ疲れ」「コロナ鬱《うつ》」も、原因のひとつには過剰な情報におぼれてしまうことがあるのではないでしょうか。情報との付き合い方にコツがあったら教えてください。

「答えはひとつではない」という大前提

――第1章❹でお話したことにも通じますが、情報に振り回されて疲れてしまう人の大きな特徴として、どんなことにも唯一無二の答えが存在すると思い込んでいることが挙げられます。巷《ちまた》にあふれる情報は玉石混交ですし、ある文脈での正しい振る舞いは、別の文脈では正しくないということは往々にしてあります。「答えはひとつではない」という大前提を自分のなかにつくっておきましょう。そのうえで、「本来ならAが正解だけれど、この場合はBなのかもしれない」などと、自分で考える余裕を保っておくことも大切です。

また「これ以上は追求しない」という線引きをしておくことも、自分をラクにしてくれます。インターネットを駆使すれば何事も調べ尽くすことはできるかもしれませんが、知れば知るほど満足できるのか、というと実際は逆です。知れば知るほど、さらなる情報の海に引きずり込まれてしまうこともあります。精神の安定を保つためにも「ある一定以上は追求しない」と自分で線を引いておくことも、自分を守るために時には大切です。

――私はコロナによる自粛が始まった頃、自粛しない隣人に石を投げたり怪文書をばらまいたりする「自粛警察」のニュースを目にするたびに暗澹《あんたん》たる気持ちになり、感染不安そのものよりも人間の恐ろしさに滅入ってしまいました。

――一時期、ひどいニュースが多かったですね。センセーショナルなニュースに滅入ることは、誰にでもあると思います。そんなときこそ、冷静になってみてください。どんな事件でも、そのような行動に出た人はほんの一握りでしかありません。けれども、その話題ばかりをニュースやワイドショーで延々と見せられれば、私たちは同じような事件が多発しているような印象を受けてしまいます。まずは冷静になって「こんな事件を起こした人がいったい何人いるのだろう？」と考えてみましょう。

「自粛警察」そのものについて言えば、それもまた重たく受け止めすぎないことです。もちろん、自分の身に害が及ぶようなことであれば対処しなければなりませんが、それ以外のことは「人には自由があるのだ」というところに立ち返り、人は人、自分は自分、のスタンスを貫くしかありません。積極的に関わる必要はありませんが、「排除しなければ」という考え方を突き詰めてしまえば、結局は「自粛警察」がしていることと同じになってしまいますから。「そういう人もいるよね」というスタンスで十分だと思います。そして、正確な情報に目を向けて、今回の場合で言えば「自粛警察」のような人を反面教師にしながら、いまこの社会において自分がすべきことは何なのかを落ち着いて考える姿勢を子どもに見せていけたら、と思います。

子ども自身の「情報を精査する力」を育てる

——多様性というキーワードがこれだけ広がっているにも関わらず、実際の社会には限られた情報のなかに「正しさ」や「正解」ばかりを求め、曖昧《あいまい》ささえも許さない空気を感じます。排除合戦になってしまう世の中は生きづらいですね。子どもたちの世代にそうした風潮を伝えないためにも、親が情報との付き合い方を教えなければいけないような気がしています。

——そうですね。大人であっても非日常に追いやられれば、情報との距離の取り方は難しくなります。子どもたちには、やはり親が情報との付き合い方を教えていく必要がある、と僕は思っています。

そのときに心がけることは3つ。ひとつ目は、情報をニュートラルに伝えること。個人的に気に入らなかったり、不安をかき立てられたりする情報であっても感情を交えず、どこにもギアの入っていない状態で伝えることをおすすめします。感情というギアが入っていると、第1章❶でお話したように、そのことについて話せば話すほどその感情を表明することが快感になり、無意識のうちに反復することになります。そして、ますますその情報に執着するようになってしまうのです。

情報の真偽について、バランスをとることも大切です。たとえばコロナウイルスについて、いたずらに不安を煽る情報が入ってきたら「インフルエンザの方が死者が多いけれど、コロナは本当にそんなに危ないのかな？」などと考えさせてみる。逆に「マスクも手洗いもする必要なんかないよ」と軽く見なすような情報が入ってきたら「そうは言っても、高齢者は重症化したら大変なことになるらしいよ」と伝えてみる。大事なのは親自身の考えを伝えることでも、正解を決めつけることでもなく、バランスをとりながらニュートラルな見方を示してあげることなのです。そうすれば子どもは考え方や感じ方をコントロールされることなく、物事を自由に受け取れるようになります。これが後々、情報を精査し、自分の考え方を養っていくための基盤となるのです。

2つ目は、親子ともにスマホの検索機能を頼りすぎないこと。答えはスマホのなかにあるとわかっていても、考える時間をつくることは大切です。「どんな物事にも説は複数あるのかもしれない」という前提に立ち、じっくり考えるプロセスを親子で味わってみましょう。決して、最短距離で正解にたどり着くことがベストなのではありません。

3つ目は、親自身が違う考え方をもつ人と争う姿を見せないこと。ひとつの情報を盲信してしまうと、自分とは違う考え方をもつ人を攻撃したくなることがありますが、「考え方は人の数だけある」ということを親が忘れてはいけません。そもそも、ひとつの物事を断定して聞く耳を持たない人と関わるより、「AもBもあるかもしれないね」という人とつきあっていく方が世界が広がりますよね。自分はどんな人とつきあって、どんな人生を生きていきたいのか？　自分は他人にとってどんな存在でありたいのか？　大人として、そこまで考えながら情報と付き合っていきたいものです。

16 「エビデンスを出せ！」を口癖にする前に

「エビデンス」って最強なの？

――「エビデンス」という言葉をよく耳にするようになりました。新型コロナウイルスが流行してからより一層、「エビデンスのあるものは信じられる、ないものは信じられない」という姿勢が一般家庭にも浸透してきたように思います。こうした空気について、どう思われますか？

――「証拠を出せ」という程度の意味で、「エビデンスを出せ」とさまざまな場面で言われるようになりましたね。本来、科学的な考え方というのは現在までに実証されてきた真理で動いているものであり、実験や検証によって新たな真理が見つかれば、すべてはひっくり返るもの。けれども、その点は忘れられ「いま世の中に存在している科学的知見は唯一無二の真理である」という受け取り方がされています。今回のコロナ騒動でもそうですね。「エビデンス」といわれるものがたくさん出てきましたが、そのたびに僕たちはそれが絶対的な真実だと思って右往左往してきました。

科学であれ医学であれ、知見の蓄積がある分野であれば、積み重ねられたデータをもとに「こうだろう」という見解を示すことはできます。膨大なレンガが積み上げられるようにしてベースができ、一つ目のレンガからかけ離れた一番上に「今日のエビデンス」があるわけです。理論を一つずつ積み上げてきた物理学などはその典型ですね。

一方、1年ほど前に登場したばかりの新型コロナウイルスには、まだデータが蓄積されていません。いまだにわからないことだらけで、絶対的に効果のあるワクチンも特効薬もありません。まさにいま、医学の世界ではレンガを積み重ねる作業をしているのです。こうした、ある意味で「宙ぶらりん」な状態に苛立ちを募らせる人もいますが、結論が出ない状況にどれだけ耐えられるか、というところに知性が問われるのだと思います。

では、データが蓄積されさえすれば、エビデンスは完璧な切り札になり得るのか？　と言われれば、答えはＮＯでしょう。積み上げられたレンガはどんなレンガなのでしょうか？　たとえば、心理学では実験に使うための基準としてなにかの「尺度」をつくることがあります。「真面目さの尺度」なんていうものもありますが、人間の真面目さを尺度として計れる、ということ自体がおかしくありませんか？　人間のなかには真面目なところもあるし、そうでないところもある。真面目なときもあるし、そうでないときもある。そんなものですよね。でも心理学では「尺度」として成立させないと、実験が成立しなくなってしまう。もちろん、そのような基礎研究から得られるものもたくさんありますが、その実験が精密かつ客観的であろうとするばかりに、かえって私たちの生活からかけ離れた条件を前提としていることはよくあることです。私たちが「エビデンスを出せ」「エビデンスがないなら信じない」と騒ぎ立てるその「エビデンス」を支えているレンガには、そうしてつくられているものがたくさんある、ということは知っておかなければなりません。

逆に、積み上げられたレンガが現実に即した信頼の置けるものだとしても、その先端に乗っかっている「エビデンス」は、もはや私たちの日常からかけ離れていて、最先端の専門家でなければ価値がわからなかったり、日々の生活にはまったく役に立たなかったり……ということもあります。レンガの蓄積を見ずに、一番上に乗っかっているものだけを見て右往左往する、というのは実は愚かなことでもあるのですね。もちろん、エビデンスは頭から否定すべきものではありません。けれども盲信しない、ということは親子で共有しておくべきだと思います。

科学は白か黒かを判定できない

――では、エビデンスを盲信したり、振り回されたりしないようにするには、どうしたらよいのでしょう？　たとえば、日常のなかで親子で心がけられることはありますか？

――近年の科学的な研究は大規模な実験調査を行うことが多いのですが、その分析はたしかに多くの人々の動向を示すものかもしれません。たとえば、ある教育手法の効果を示す実験研究に際して、調査対象をその手法を受けた人々（A群）と受けていない人々（B群）の二群に分けます。A群の人々が出した結果によって手法による効果があったことを示す際に、「A群は平均70点でB群は平均35点」ということは、今日の実験ではほとんどありえないでしょう。それほど明確な効果が得られる教育手法であるなら、もうすでにどこかで実践されているからです。実際には「A群は平均70点で、B群は平均67点」ということでも、有意な差として統計学的に認められる、つまりエビデンスがあるということになります。エビデンスとは、一般的に考えられているように白か黒かの根拠を明確に示すものではないのですね。このような統計学の手法が実際にどのような手続きを踏んで、どのような差を認めて、どのように「エビデンス」と呼ばれるものを取り出しているのかは知っておいた方がよいかもしれません。今はわかりやすい入門書もたくさん出ていますし、統計学は今後、高校でも詳しく教えられることになっていますから。

最近の話題でいえば、新型コロナウイルス感染の有無を調べるために、ＰＣＲ検査という手法が一般のメディアでも数多く取り上げられました。皆さんご存じかと思いますが、このＰＣＲ検査というのは新型コロナウイルスだけを測定する手法ではなく、測定する対象の遺伝子を増幅させて、ある特徴的なＤＮＡ断片だけを選択的に増やして調べやすくする手法です。現在のところ、この検査の精度は70％程度だと言われています。つまり100人の感染者を調べても70人が陽性で、残りの30人は陰性と判定されてしまうのです。逆に、誤って非感染者を陽性と判定してしまうという可能性もわずかながらあります。加えて、測定できる限界のウイルス量よりも少ない量のウイルスしか検体に含まれていないと、ウイルスを見つけることはできないのだそうです。[*11]

このように、科学は白か黒を判定するものではなく、厳密に積み上げられた論理と手法によって、ある一定の確度で「いまのところ確からしい」ということを追求する学問です。天気予報や台風の進路などは相当正確になりましたが、新型コロナウイルスに関してはまだ研究が積みあがっていません。もちろん、このような時代に「科学を信用するな」とは言いませんが、科学を実際に信用して運用できるのは、それぞれの分野の専門家だけということになります。それでも、混迷を極めるこれからの時代は、どこまでなら信用できるのか、どこから先が信用できないのか、専門家でなくともある程度知っておく必要があるでしょう。そのために、科学的手法や統計学の基本的なルールを親が学び、子どもに伝えていくのは大切なことだと思います。

17 ゲームばかりしている子、問題はどこにある？

面白すぎるゲームに要注意

――小中学生の子どもをもつたくさんのお父さん、お母さんから「コロナ休校の期間は、子どもが長時間ゲームばかりしていて困った」という声を聞きました。我が家も同じく……です。弘田さんはゲームについてどのように考えますか？

――いまのデジタルゲームは面白すぎるし、ユーザーフレンドリーすぎるんですよ（笑）。いくらでもできるようにつくられているから、無限に遊ばされてしまうんですね。

ただ、一時巷で話題になった「ゲームばかりしていると、脳の前頭前野の機能が低下して「ゲーム脳」になる」という説には根拠がないと思います。ゲームをしている時間が長すぎると機能的に脳の働きが偏ってくることはあると思いますが、ゲームが脳に構造的に悪影響を及ぼすということを医学的なエビデンスとして示せるかというと、示せないでしょう。また没入する時間が長くなると脳や体がそれに適応して偏っていく、というのはゲームに限った話ではありません。では「ゲーム脳なんていうものは存在しないから、子どもはいくらでもゲームをしても構わないか？」と聞かれれば、僕個人としてはＮＯです。

理由はやはりゲーム依存への懸念ですね。ゲーム依存とは、あらゆることよりもゲームを優先してしまうために自分自身のコントロールがきかなくなって、日常生活に支障を来してしまうような状態を指し、２０１９年にＷＨＯが発表した国際疾病分類の最新版「ＩＣＤ‐11」にも正式に加わりました。なぜコントロールが効かないかというと、先ほど言ったように、ゲームが面白すぎるし、長く遊んでもそれほど全身がくたびれることがないからです。依存が悪化すると睡眠不足や勉強時間不足だけでなく、ゲームをしていないときもゲームのことを考えてぼんやりしていたり、ストレスが多い現実生活がおっくうになったり……とたくさんの問題が出てきます。

長時間ゲームに没頭してしまう子どもたちを見ていると、ゲームの存在云々よりも保護者の関わり方の方に問題があるのだろうというケースが多々見受けられますね。ゲームを与えて「これで一日過ごしてね」としてしまうと、子どもがゲーム依存になるのは時間の問題です。急な休校などの場合は親も仕事を休むことができず、仕方なくゲームを与えておくしかない、ということもあるでしょう。そばにいてやれないことに負い目があるから、ついゲームを渡してしまうという声も聞きます。それもよくわかります。

けれども、改めて考えてみてください。あらゆるテクノロジーが発達しましたが、生きていくことにはたくさんのリスクがあります。心も体も知性も、常に鍛えておかないと生き抜けない時代を私たちは生きています。そう考えたときに、子どもにゲームを与えっぱなしにすることは適切でしょうか？　そこから何か、生きる力につながるものが開発されるでしょうか？　もっとほかに、我が子にとってよいものがあるのではないでしょうか？　厳しい声になるかもしれませんが「忙しいから仕方がない」と言う前に、一度考え直してみるのもよいと思います。子育てに遅すぎるということはありませんから。

ただ、極端にゲームの世界にのめり込む子には注意が必要です。周囲から強いプレッシャーをかけられたり、友人関係で我慢を強いられたりして、きつい思いをしている可能性があります。ゲームは他人を必要としない遊び。下手したら自分もいらない。全部忘れて没頭できますよね。ゲームの世界から出てこなくなるのは、そこがストレスを感じずに済む自分だけの世界だからなのだと思います。そういう時間はもちろんあってもいいと思いますが、あまりに長時間続くときはゲームに逃げなくてはならない原因について考える必要があると思います。そして、一緒に映画を観たり、体を動かしたり、料理をしたり……と、親子で何かに取り組みながら他愛のない話をする時間をつくってみてください。そこから見えてくるものがきっとあると思います。

スマホで目の筋肉が衰える!?

——スマホを長時間使う子は、目への影響も心配ですね。

——そうですね。それについては、眼科の先生方も警鐘を鳴らしています。

人間の視野は左右に約210度、上下に約120度あります。でも焦点が合うのはわずか1度ほど。私たちは毛様体筋という目の筋肉を使って、この1度にピントを合わせているのです。スマホが出現するまで、私たちは細かくピントを合わせながら情報を取ってきていました。本や雑誌は行を追ったり、ページをめくったりして目を動かしますよね。テレビはある程度の大きさがあるので、画面上で目を動かします。でも、スマホが出現して状況が変わりました。1点に合わせっぱなしにしているピントに、指で画面を動かして情報を送り込むようになったのです。このとき、目の筋肉は動きません。こうした状態が日常的になると、子どもであっても目の筋肉が衰えて「ピントを合わせづらい」という症状を訴えるようになります。

近年は、目と学習障害の関係もわかってきています。小学校では先生が黒板に書いた文字を見て自分のノートに書き写す、ということをしますね。黒板を見たり、ノートを見たりと、目を上下に細かく動かしながら書き写すわけですが、ピントを素早く切り替えながら視覚情報を記憶として保持することが難しいため、こうした作業ができなくなっている子どもが増えています。このように遠くを見たり、近くを見たりとピントを切り替えながらモノを認識するには、室内の狭い範囲だけでなく、自然の中を歩き回りながら過ごすことも必要になってくるでしょう。とくに0～2歳の乳幼児期は、まさにこの目の働きが発育していく時期。ベビーカーにスマホを装着してずっと動画を見せている家庭もありますが、これはやはり心配です。

こうしたことを考えると、やはりゲームやスマホは本人と話し合って、使う時間を決めることが大切だと思います。決めておいた時間がきても続けていたら「ダメ！」と取り上げるのではなく、「どう思う？」と本人に聞いてみましょう。「これがいまの自分がやるべきこと？」と考えさせるのです。たとえば、1時間ゲームをして得たこと、1時間本を読んで得たこと、どちらが大きいでしょうか？　小学校高学年にもなればわかるでしょう。

こうしたことを理解できるようになるためにも、やはりあまり早くからゲームやスマホを与えない方がよいと思います。早くからゲームの楽しみを覚えてしまうと、自分で何かを楽しむ工夫ができなくなってしまいます。ゲームは自分で納得して時間に制限をかけられるように、そして本を読んだり、音楽を聴いたり、工作をしたり……と、ゲーム以外の楽しみも見つけられるように親がさりげなく導いてあげられたらいいですね。

18 きょうだいゲンカ、しないとどうなる?

子ども同士の「甘噛み」から学べるもの

――新型コロナウイルスによる長期休校中は、多くのお父さん、お母さんから「きょうだいゲンカに悩まされた」という声もあがりました。男兄弟2人の我が家も以前から兄弟ゲンカが絶えず、小学生時代は流血沙汰もたびたび。ケンカは必要なものだと思っていますが、対処に困ることも多々あります。

――年齢の近い子どもたち、とくに男子2人の兄弟はやりますね。ウチは男3人でそれなりにうまくやっているようですが、2人だけだとずっと顔を突き合わせることになるので大変でしょう。

子ども同士の「甘噛み」は必要です。犬も猫も猿も、みんな甘噛みをしながら「ここまでなら遊びの範囲だれど、ここから先は致命傷になる」ということを学んでいきます。同時に、関係性もつくっていくんですね。こうした経験は、大人社会の一員となったときに生きてきます。きょうだい間だけでなく友だち同士でも言えることですが、人間の子どもも大人になる前に体を使ったケンカというものをどこかでやっておかなければなりません。

もちろん暴力を推奨するわけではありませんが、どうしても体が怒りにまかせて動いてしまう、悔しくて相手に向かってしまう、涙が出てしまうというような、感情に突き動かされた結果としての行動は大切です。幼少期に感情がどうしても抑えきれなくて発露するという経験を何度かしておかなければ、学べないことがたくさんあるのです。というのも、感情が発露した後、しばらくすると子どもは冷静になります。冷静になると、「ああ、馬鹿なことをしちゃったなぁ」と、自分が感情を爆発させたことを反省できるようになるのです。そういうことを何度も繰り返すことによって、人は自分の感情を冷静に見つめ、抑制能力を身につけることができるようになります。

しかし、ケンカのように感情が発露する経験をせずに大きくなってしまうと、自分の感情を見つめる経験をしていないということになります。これがかえって危険なんですね。どこまで感情を出していいかわからない、どうやって感情を出していいかわからない。実際、最近は自分の感情に向き合ったことがないまま大きくなっている大人が増えてきているように思います。

今日の子どもたちを見ていると、動物のような野蛮さを少し取り戻さないと、大人になって大きな物事に遭遇したときに腰が抜けて立てなくなってしまうのでは……と思うことが多々ありますね。いまは、生活にまつわるあらゆることが大人の手で整えられています。

快適な生活がいつまでも続くと予想しながら、多くの子どもが「お客さまモード」で生きているのですね。そんな世界で生きてきて社会に出ると、支えがひとつ崩れただけで腰が抜けてしまうのです。外に出ると何があるかわかりません。ケンカをふっかけてくるような暴力的な人もいることでしょう。やり返すのがよいという話ではありませんが、「そういうことがあるんだ」と体で知っていることは大事です。まったくそのような経験がないせいでひるんでしまい、それをきっかけに自分の殻に閉じこもってしまう若者たちも増えています。こうした土台をつくっておくことが、予測不可能な世界のなかで自分の体を使って生きていく力にもつながっていきます。

「平等」を過剰に意識しなくても大丈夫

——実際にケンカになったとき、親はどう対応したらいいのでしょう？　私は手に負えず、完全放置状態でした……（笑）

——そうですね、親はその場でフォローしなくてもいいけれど、なにか学んでくれるといいなと思いながら「ああ、やっとる、やっとる」と見ていてあげることは大事です。

兄弟姉妹の間では、オモチャやおやつの取り合いがよくありますね。みんなに平等に同じものを与えて、同じように接するのが正しいと言われることもありますが、僕は無理に平等にする必要はないと思っています。「お兄ちゃんはあれをもらったから、あなたにはこれをあげる」「あなたは前回もらったから、今回は我慢ね」と、状況を見ながら秤が釣り合うようにしてあげるのです。家庭内の事柄を「平等」とか「人権」という大人の世界の理念にとらわれて、あたかも裁判のように処理するのは非現実的であり、きょうだい全員を同じように育てることに執着しすぎると、目の前の子どもが見えなくなってしまいます。

子どもにとって、ときには「自分はこれをもらっていない」「自分は損をさせられた」という欠如の感覚をもつことも必要です。相手との差異を意識させられることも悪いことではありません。親は、別の機会に埋め合わせてあげれば十分です。様子を見て、もしひとりだけ我慢が続いている子がいたら、こっそり呼んで何か食べさせてやったりしてもよいでしょう。「どんなときも兄弟姉妹全員を平等に」というよりも、ひとりひとりを見ながら、必要があれば2人だけの時間をつくったりしながらやっていくのがいいと思います。

また、ケンカをしてしまった子どもたちに対して、「ちゃんとしなさい」「大人しくしていなさい」と叱るのも考えものです。人間の脳は外側から大脳新皮質（考えるための脳＝人間脳）、大脳辺縁系（感じるための脳＝哺乳類脳）、脳幹（生きるための脳＝は虫類脳）という三層構造になっていると言われています。[*7] 幼児のうちから、「人間脳」に属する文化的な側面ばかりを要求することには無理があります。動物のように食べものを取り合ってケンカをすることも大事なことですし、そのときの自分の感情とどうつきあっていくのかを学ぶことも大事なことです。

感情を抑える子どもは「大人だね、賢いね」と言われるかもしれませんが、抑えられたエネルギーはいったいどこへいってしまうのでしょう？　先ほども言いましたが、適度に感情やエネルギーを出すことを子どものうちに練習しておくことも大事なことです。これを知らずに大人になると「抑え込むのか、暴発させるのか」という極端な選択しかできなくなってしまいます。勉強やしつけに熱心になるのは悪いことではありませんが、いまや「人間脳」さえ育てればいいという時代ではありません。予測不可能な時代を生き抜くためには「哺乳類脳」や「は虫類脳」などをしっかりと育てていくことも重要な課題です。食や安全への欲求、喜びや怒りの感情、仲間意識などはすべてこれらの領域に属しているからです。そして、それはすべてケンカのようなトラブルから学べるのではないでしょうか。とはいえ、もちろん、一人っ子には一人っ子の特性がありますので、一概に「きょうだいがいないと……」という話ではありません。学校での友だちとの関わりでもそのようなことは十分に学べます。

19 ボランティアは「人のために」よりも「お互いさま」

ボランティアのしかるべきスタンスとは？

――私は東日本大震災をきっかけに、災害ボランティアに参加するようになりました。昨年から高校生の息子も連れて行くようになりましたが、「人には優しくすべきだ」とか「人のために動くべきだ」という伝え方には、どこか抵抗があります。当たり前のこととして、若い人たちがぱっと自然に動く世の中であってほしいと思うのですが。

――そうですね。ボランティアについては「誰かのために良いことをしている」という意識をちょっと脇に置いておく方がいいと思います。「誰かのため」になりすぎると、見返りを求める気持ちが出てきたり、参加しないことが悪いことだと考えたりするようになりますから。災害ボランティアに参加するなら原理はひとつ。「困っている人がいるから」ということだけだと思います。そして、大人は子どもに「自分の身に同じようなことが起きたら、きっと誰かが同じことをしてくれるはずだ」という希望を伝えてほしいですね。

ボランティアとまでいかなくても、たとえば駅の階段で重たいスーツケースを抱えている人や杖をついているお年寄りに声をかけるとか、電車のなかで席をゆずるとか、そうしたことはさっとできるようになってほしいですね。そのためには、まわりを見回して「困っている人がいる」ということに気付けることが大事です。親子で出かけたときに、親はぜひ率先してそうした姿を見せてあげてください。

それからもうひとつ、親自身が困ったときに周囲の人に助けを求める姿を子どもに見せることも大切です。日本社会は閉じている上に、とりわけ昨今は「人に頼ってはいけない、人に迷惑をかけてはいけない」という「自己責任」の空気が強くなっています。でも素直に人の手を借りることができない人は、何かあったときにさっと人を助けることができないものですよね。困っている人がいるから動く、そして自分も困ったら同じことをしてもらう。そんな「お互いさま」が当たり前である健全な社会をつくっていくには、やはり親が必要に応じて人に助ける姿を求める見せていくことだと思います。

そもそも日本人は欧米人に比べると、通りすがりに見知らぬ人と言葉を交わす文化がありません。だから「一度声をかけてしまうと、道中この人とずっと一緒に過ごさねばならないのか」などと重たく考えて、声をかけることを躊躇《ちゅうちょ》しがちです。「では、これで失礼します」「お気をつけて」のような、「話を切るための言葉」がさらっと出るようになると、声をかけるハードルもぐっと下がるものです。ぜひ街に出て、子どもに経験を積ませてあげてください。こうしたコミュニケーションは、非常時にもとても役に立ちます。

ちなみに、僕は子どもが小さいときは田植えや稲刈りの手伝いに行ったり、地域の祭りの手伝いなどを一緒にやったりしました。楽しいから、純粋に遊びだと思ってね。敷居を高くせず、そうした手伝いから親子ではじめてみるのもいいと思いますよ。

現実をどこまで見せるべきか？

――災害ボランティアなどに参加すると、ショッキングな現場を目にすることもあります。私個人としては、中高生の息子たちにはもうしっかりと現実を見せていきたいと思っているのですが、やはり子どもによっては配慮が必要でしょうか？

――あまりに凄惨なものは恐怖心を植え付けてしまうと思いますが、人間は自然に抗えないこと、リスクはどこにでもあること、生死だけはコントロールしようがないことなどを伝えることも大事です。いまの日本には物事の負の側面を覆い隠してしまう風潮がありますが、実際に世界を見れば数え切れないほどの天災や戦闘が起こってます。目をつぶったまま生きていくわけにはいきません。まずは、身内の方の病気や死のプロセスを子どもに見せていくのもよいでしょう。不安を感じさせてしまうことばかりに気をつかわず、現実と向き合う姿勢を少しずつ育んでいけたらいいですね。人は必ず病み、必ず死にます。それでも人は生きていきます。これは、親が子どもに伝えるべき大切なことのひとつですね。

第4章

まなび

AI化が急速に進んでいることを肌で感じる昨今。子どもたちが社会に出る頃には、いまある職業のうちのいくつかはAIに取って替わられていることでしょう。ただただ正解を求めているだけでは、AIと共存していくことができません。日本の教育制度もそんな未来を見据えて大きく変わろうとしています。
子どもたちの学びはどこに向かうべきなのでしょう？　そして、もしまた長期休校のような事態に直面したときに、親ができることは何でしょう？　教育学の専門家である弘田さんならではの見解を聞いてみたいと思います。

20 時代は「正解」よりも「納得解」を求めている

「正解」はスマホのなかにある時代

——世界各国が抱える問題は日増しに複雑化し、価値観も限りなく多様化しています。私たちはこれまで以上に物事を柔軟に考えられるようになるべきだと思うのですが、実際はスマホ頼り。じっくり考えることを投げ出して、手っ取り早くスマホで「正解」を探すことを日常としています。子どもたちもそうですね。これからさらにAIが発展して、「正解」がより簡単に手に入るようになるなか、「正解」を求めることを重視する知識偏重教育は危ういように感じます。

——実は、すでに文科省も「正解はない時代です」と言っています。文科省がここまで言う時代にきているんですね。AIに対して人間のできることとして、文科省が述べていることを引用してみましょう。

「人間は、感性を豊かに働かせながら、どのような未来を創っていくのか、どのように社会や人生をよりよいものにしていくのかという目的を自ら考え出すことができる。多様な文脈が複雑に入り交じった環境の中でも、場面や状況を理解して自ら目的を設定し、その目的に応じて必要な情報を見いだし、情報を基に深く理解して自分の考えをまとめたり、相手にふさわしい表現を工夫したり、答えのない課題に対して、多様な他者と協働しながら目的に応じた納得解を見いだしたりすることができるという強みを持っている」(「新しい学習指導要領の考え方」より抜粋)

「納得解」という言葉が出てきましたね。誰にとっても正しいたったひとつの「正解」ではなく、それぞれの立場によって正解が異なるような課題において、みんなが納得できる答えが「納得解」です。グローバル化、ＡＩ化が進むなか、正解の出ない課題にこそ人間が向き合っていかなければ、ということなのですね。

なぜこうした流れになったのか、日本の教育の歴史を簡単に振り返ってみましょう。明治に入って、国力を上げるために国家が国民を養成するという「国民国家」の考え方が主流になると、公教育が日本にも導入され、多くの人が教育を受けられるようになりました。この時代、効率よく子どもたちを勉強に駆り立てるために利用されたのが、「立身出世」をゴールとした競争でした。けれども、二度の戦争と高度経済成長を経て社会がある程度の潤いを見せるようになると、人々は競争に乗らなくなりました。金八先生がテレビで「学校っていうのは競争のための場所じゃない、ひとりひとりが輝くために個性を磨く場所なんだ」と訴えたのが1980年代です。

バブル景気を経て1990年代後半になると、がむしゃらに働くという考え方がカッコ悪いものになり、社会にゆとりを……という動きが生まれました。当時の教育はいわゆる「ゆとり教育」と言われるものでしたが、2003年にPISAテスト（OECDによる世界的な学習到達度調査）で日本はガクンと順位を落としました。いわゆる「PISAショック」です。日本はこれに衝撃を受けて「ゆとり教育」を撤回し、教育のテコ入れを始めました。いわゆる「脱ゆとり」という流れですね。教育内容は取捨選択されながらもボリュームを増し、社会事象に応じてより複雑なテーマも扱われるようになってきました。学力の再向上策に加えて、2008年に公示された学習指導要領には「知識・技能の習得と、思考力、判断力、表現力育成のバランスを重視」と明記されました。グローバル化、価値観の多様化など大きなうねりのなか、たったひとつの「正解」よりも立場の異なる人たちの間で通用する「納得解」を求める世界基準の教育に照準を合わせるようになったのですね。

そうした教育の流れと並行して、2008～2009年からスマホが普及しはじめたことで、人がスピーディに正解を導き出すことの価値はぐっと下がりました。正解はすべてスマホのなかにあるので、もはやインプットする必要がなくなったのです。さらに少子化の影響でレベルさえ問わなければ誰もが大学に入れるようになり、学歴信仰も様変わりしました。こうしたときに、やはり「正解」よりも「納得解」を、という世の流れは必然的だと言えるでしょう。

ファンタジーの世界から得られること

――「納得解」を導き出すのは、ある意味「正解」を見つけることよりも難しいですよね？　その力は、どうしたら身につくのでしょうか？　幼少期の体験なども影響してきますか？

――子どもには問題を解ければそれでよしとせず、「これはどういう意図でつくられた問題なのか」、「何を考えさせようとしている問題なのか」というところまで考えさせることです。そうした姿勢が「○か×か」に留まらず、その先を見る力につながります。お子さんがまだ小学生であれば、親は正解を出すことよりも、こうして問題の一歩先を見ることをぜひサポートしてあげてください。

幼児期からできることといえば、見えないものを見ようとする力を育むことですね。4歳くらいになると見えないものへの感受性が育ってくるので、ファンタジーやフィクションの世界にたくさん触れさせてあげてください。サンタクロースの話もよいでしょう。プレゼントを買っているのが親である、というからくりをあっさりと明かすのではなく、姿の見えないサンタクロースへ思いを巡らせる時間を親子で大切にしてほしいのです。「今さらサンタクロース？」なんて思わないでくださいね。私たちが崇拝しているお金だって、社会全体が共有しているフィクションですから。そのような目に見えないものを見ようとする力が後々「○か×か」では割り切れない世界を見ようとする感覚や、結論に至るまでのプロセスを楽しみながら自分なりの視点を導き出す力になります。

避けたいのは、正解への最短距離を示してしまうこと。とくに、プロセスを軽視して最速で正解を導きだす「受験テクニック」は、学びをつまらないものにしてしまいます。「考えたけれど、わからないのも面白いよね」というのもまたひとつの大切な答え。ひとつの正解に縛られないためにも、ぜひ考えるプロセスは子どものためにとっておいてあげてください。回り道こそ大切です。

21 子どもたちを社会の即戦力に仕立て上げる⁉

――2020年から学習指導要領が順次新しくなったり、2021年から大学入試のセンター試験が大学入学共通テストに変わったり（結局、大幅な入試改革は延期になったようですが……）と、このところ教育にまつわるニュースを聞くことが増えています。日本の教育は、どこに向かっているのですか？

――そうですね、いま教育は激動期です。世界的には90年代から「キー・コンピテンシー」というキーワードが教育界を賑わせていました。これは「社会や個人にとって価値のある結果をもたらすこと」「いろいろな状況の重要な課題への適応を助けること」「特定の専門家だけでなく、すべての個人にとって重要であること」という条件を満たす能力概念のこと。[*8] つまり、子どもたちは人間性も含めて、社会で即戦力となれるような力を養うべき、というわけです。

日本でも以前から理念としては掲げられていましたが、実際はまだまだ大学入試合格を最終目標にした「偏差値教育」に重きが置かれてきました。入試、就職を有利に運ぶにはどうすればいいのか、という逆算から生み出された成果測定型のパフォーマンスモデルです。しかし、ここに来て流れが明らかに変化しました。２０２０年から順次実施される新学習指導要領では、キー・コンピテンシーにつながる「学びに向かう力・人間性」、「思考力・判断力・表現力」、「生きて働く知識・技能」という３本柱が設定されたのです。これからの時代を生きていく子どもたちには必要なことばかりですね。けれども、ここで問題が起きました。こうした教育を実現させるためにどのようなことをすればよいのか、文科省からは具体的なモデルが何ひとつ示されていないのです。

果たして、人間性にも関わってくる抽象的な資質や能力を本質的に学校で身につけさせることはできるのでしょうか？　できたとしても、大学入試や就職試験でその優劣を判定することはできるのでしょうか？　教育学者や現場の教師からは批判が噴出しています。記述問題を充実させる予定だった新しい大学入学共通テストも、結局「大量の答案を、誰が適確にかつ平等に採点できるのか？」というところがネックとなり、今年度の導入は見送られました。理想はあるのですが、現場が追いつかずに混乱している状態ですね。

幼児教育・保育が、あらゆる学びのモデルになる

——なるほど。ようやく偏差値重視、知識偏重教育から抜け出そう、という気運が高まってきたのに、改革案が机上の空論になりつつあるということなのですね。実際、３本の柱

で示されていることは子どもたちにとって大切なことばかりだと思います。学校で指導したり評価したりするのは難しいのだと思いますが、家庭でできることはないのでしょうか?

——3本の柱に代表される理念的な目標には、教科書も時間割も具体的な到達目標もありません。それで現場が混乱しているのですが、「教科書も時間割も具体的な到達目標もない教育」といったら、実は幼児教育や保育がしてきたことなんですよ。幼児教育はこれまでずっと遊びを通して、この3本の柱の基礎になるものを育ててきたのです。

小学生以降に3本の柱をのびのびと育てていくためには、幼稚園、保育園時代に、保育士や保護者が子どもたちを見守ってきた次の「10の視点」で引き続き見守っていくことが大切なのです。

・健康な心と体
・自立心
・協同性
・道徳性・規範意識の芽生え
・社会生活との関わり

・思考力の芽生え
・自然との関わり・生命尊重
・数量・図形、文字等への関心・感覚
・言葉による伝え合い
・豊かな感性と表現

（「幼稚園教育要領」（平成29年改訂版）より）

学校教育に突如として「キー・コンピテンシー」という概念が持ち込まれて、たしかに現場は混乱していますが、難しくとらえる必要はありません。幼児教育の現場では、「遊び」というかたちで長年、教科書や時間割に依《よ》らない教育がなされてきたわけです。これをうまく小学生以降につないでいくことが、大きな課題だと僕は思っています。

お子さんがまだ未就学児だという方は、お子さんの成長を見守る際にぜひこの10の姿をイメージしてみてください。すでに小学校に入学している子どもについても同じです。家庭での遊びやお手伝いを通して学べることもたくさんあります。こうした幼稚園、小学校時代の経験が、自然と「キー・コンピテンシー」と呼ばれる力につながってくるのだと思います。

ここで大事なのは、これらの10の姿が子どもの活動に見られたとき、親が子どもにわかるような形で認めてあげることです。子どもは意識していないこともあるかもしれませんが、たとえば日常生活で新しい言葉や表現を使ったとき、ふだんとは違うものに興味を示したときなどには、「へぇ、そんなに難しい言葉を知っているんだね」、「面白いものに興味をもっているね」などと声をかけることで、子ども自身もその発言、行動、関心が自覚できるようになってきます。過剰にほめる必要はありませんが、自然な会話の中で子どもの姿を認め、それに対して応答することはとても大切です。

それからもうひとつ。幼児教育や保育以外にも「教科書も時間割も具体的な到達目標もない教育」に通じるものがありますね。そう、大学教育です。もちろん、授業の時間割も、教科書も、到達目標を示したシラバスも存在しますが、それは大学の表向きの姿。本質的なところで、自分がどんな人間になりたいのか、何を知りたいのかを意識しながら学んでいくのが大学という場です。ここでは、時間割や単位や試験や……という表向きのところもこなした上で、自力で学びをつくっていかなければなりません。10年後、15年後、我が子はこのような成長を遂げられるだろうか……と考えながら、小さな子どもの遊びや学びを眺めることも必要でしょうね。

22 学びの本質は、群れから離れて自分の道を見つけること

「みんなと同じ」で安心しないで

――小中高校生、どの年代を見ていても、群れのなかで仲間と同じことをすることで安心している子が多いことに驚かされます。友だちが多いのは素晴らしいことだと思いますが、群れることを第一とせずに自分の道を見つけていかなければ、AI時代を生きていくことは難しいのではないでしょうか?

――大学生を見ていても、群れのなかでみんなと同じように振る舞うことに安心感を見い出し、独自の考え方、感じ方、趣味趣向の育っていない子が多いですね。たとえば「音楽でも小説でも映画でも何でもいいから、好きなものを選んで何か書け」という課題を出しても、こちらが驚かされるような変わったものを持ってくる子はめったにいません。「こんなものを持っていったら、まわりから浮いちゃうかも」という、隣と足並みを揃えるような感覚があるのかもしれません。

ぼくは一時期競馬が好きでよく見ていたのですが、一着でゴールする馬はほかの馬から見ると馬鹿だということになります。なぜなら、草食動物は一頭だけ群れから抜け出して

走れば肉食動物に狙われるので、本能的に集団を崩さないように走る生き物なのです。

馬と比べたら怒られるかもしれませんが、子どもたちも小学校3年生ぐらいになると徐々に、目立つことを好まなくなります。先生が「わかる人?」と問いかけても、手をあげませんよね。「目立ってしまうと、友だちからどう思われるかわからない。いじめの対象になってしまうかもしれない」。子どもたちはそんなことを考えながら、集団の中でじっと息をひそめているのです。

とくにいまの時代の子どもたちの多くは、努力せずとも一緒にいられる同じレベルの友だち同士で群れをつくって、違うことをしないようにお互いに空気を読みながら暮らしています。こうした様子を見るにつけ、リスクをとっても構わないから、親がある程度引き離さないといけないのではないか、と僕は思っています。なんとなく友だちと同じことをしていれば生きていける、という時代ではありませんから。ひとりの大人として「友だちと一緒にいられればそれでいいの?」「自分を育てなくていいの?」というメッセージを出していかなければ、と思うのです。「こんなこともあるよ、あんなこともあるよ、何か自分の好きなことを見つけてみたら?」と、群れの外にある選択肢を示してあげたいですね。

自分の世界を見つける、というのは本質的な意味で「学び」に直結することです。でも、

「勉強しなさい」というメッセージの出し方ではもちろん伝わりませんし、塾や習い事に行かせることが解決策ではありません。大事なのは、いろいろな種を子どもの土壌にまいてやることです。どの種がいいのかはわからないけれど、いろいろと蒔いておけば、その子に合う芽が出てきますから。そうして蒔いた種から出てくる芽のなかに、雑草などありません。どんな草にもちゃんと名前があります。どんな芽が出てきても、雑草だといわずにちゃんと認めてあげてください。もちろん、認めたところで親が思うように伸びないことは多々ありますが、それでもいいんです。「じゃあ、どうしようか」と軌道修正をするのは親の仕事ではありません。先回りして「どうだ、これでうまくいくだろう、これなら楽しいだろう?」とやってしまうのもダメです。親は種を蒔いて、遠くから見守るだけ。その先に何を見い出すかは子ども自身の力であって、その芽を伸ばしていくことが本当の意味での「学び」なのです。

そうして育った芽は、その子にとってのアイデンティティにつながっていきます。人が個として確立する基礎ですね。いくつかの芽が育っている子は、どれが自分のアイデンティティになるのかを、まわりと合わせることなく、自分の意志で選んでほしいと思います。世の中にある無数の関心事やテーマから、いくつかを選びながら自分をつくる作業、これがアイデンティティをつくるということです。満天の星空から、いくつかの星を選んで、そこに何かの姿を見つけて、星座を新しくつくるようなイメージですね。

そうして自分自身の世界をつくり上げていく過程では、少しインターネットと距離をとってほしいと思います。いくらインターネットの中で個性的な像を見つけて「これは私だけのもの！」だと言っても、それはすでに多くの人が「私だけのもの」だと思い込んでいる「商品」です。インターネットを頼らずに自分で納得いくまで要素を探し、自分で組み立てていくことです。これは同年代の仲間だけで群れていれば難しいでしょう。子どもが自分だけのものを探しはじめる思春期までに、「まわりと合わせるために好きなものを見つけるのではなく、自分だけが好きなものをどんどん育てていこう」というメッセージを、親はぜひ出していってほしいと思います。

23 「学校なんて時間のムダ!」にどう答える?

「学習」と「教育」はどうちがう?

――受験生の息子から「こんなに勉強で忙しいのに、家庭科や体育や行事のために学校に行くなんて時間のムダでは……?」と言われることがあります。うまく言い返す言葉が見つからないのですが、そもそも学校教育の価値とは何なのでしょう?

――そう、その「ムダ」がこの話のポイントです(笑)。ムダのない「学習」と、ムダに満ちた「教育」の違いですね。

まず学習について考えてみましょう。学習というのは、自分に足りないものを主体的に選択して効率良く学んでいくことです。たとえば、自学自習、個別の学習塾での勉強や、自分の苦手なところを集中的に学べるタブレット学習などが該当しますね。この20〜30年は、学習こそが教育の本質的な部分だと言われてきました。学校教育のムダを省いて、効率良く学力を身につけさせる「学習」を中心にやらせよう、という流れです。

これに対して教育、とくに学校教育というのは学習よりも大きな枠組みです。そして、なかば強制的なものでもあります。生徒は受け身であり、主体的に自分の意志で学びたいことを選び取ることはできません。そこには、本人が「ムダ」だと感じることも含まれています。「なんで受験前の忙しいときに、わざわざ家庭科なんかやるんだ？」ということですね。教育の意義というのは、お節介さながら、いろいろな機会を子どもに与えるところにあります。そこに説明はありません。「裁縫なんていまは必要ないよ、時間のムダだよ」と言われても「いいからやっとけ！」というのが教育です。それが非人間的、非人道的だと捉えられることもありますが、言い換えれば、教育は偶然の出会いに満ちているのです。いろいろな種を蒔き、いろいろな機会に子どもをさらすことは子育てにおいて非常に大切だと第4章㉒でお話しました。学校教育がなぜ大切なのかというと、本人の望む望まないに関わらず、さまざまな種が蒔かれるからなのです。

両者の違い、ご理解いただけたでしょうか。だから、子どもが「学校なんてムダだ」と言い出しても、「勉強は塾でやればいいじゃない、学校なんて友だちづくりの場所よ」などと言わず、「なんでもやってみるものよ」と突き放しておくくらいでよいのです。学校の先生にもいろいろな人がいると思いますが、よほどの問題がない限り、これもまた「いろいろ」だからよいのです。万一、立派だとは言いがたい人だったとしても、子どもの知らないことを知っている大人であることには違いありません。「先生なんて……」と子どもが言い出しても、一緒になって悪口を言ったり馬鹿にしたりせずに「どんな種を蒔いてくれるのだろう」と受け身に構えて見守りましょう。ムダに見える種からもたくさんの芽が出てくるかもしれない。これが教育の真髄なのです。

もちろん学習が悪いわけではありません。このあと第4章㉕でお話するように、子どもが自分でプロジェクトを立ち上げ、その達成のために欠けていることを選んで学習する「プロジェクト学習」も大きな成果を発揮します。ただ、それだけでよいということはなく、教育に身を任せることも間違いなく必要だということも覚えておいてください。

ひとつ付け加えておくと、大学は自分の意志で自由に学ぶ「学習」の世界です。けれども、最近の学生には、これまで狭い「学習」の世界だけで自由にやってきた人（たくさんの種を蒔いてもらえなかった人）や、「教育」の世界で制約だけを感じてきた人（せっかく蒔いてもらった種に気付かなかった人）人がたくさんいます。いずれにせよ、毎日出かけて行って、毎回授業に出席して、与えられた課題をこなしておけばよいと思っている学生が近年増えてきています。だから、本当の意味で自由に満ちた学びの世界にやってくると、どうしたらよいのかわからないのですね。そういう学生たちは「テストをやってください」とか「出席をとってください」と言い出します（もちろん今では大学の授業でも一回ずつちゃんと出席を確認するのですが、たまに時間の都合で省いたりすると、こんなことを言われてしまうのです）。彼らは自分が何を学びたいのかもわからないし、テストの点数や出席率でしか周囲と差をつける方法がわからないのでしょう。せっかく苦難を乗り越えて大学という最高学府までやってきても、これでは変化の激しい時代を生き抜く柔軟な能力は育ちません。

鳥は空気抵抗があるからこそ飛べる

——なるほど、受け身である「学校教育」のなかに身を置くことには、大きな意味があったのですね。一見したところ「学習」の方が将来につながりそうですが、「学校教育」は子どもの将来にどのような形でつながっていくのでしょう?

——最近の子どもたちを見ていると、一部のタレントや起業家の影響なのか、しがらみなくラクに短時間でお金を稼いで、膨大な時間を好きなことに費やす「自由な人生」を夢見ている子がたくさんいるようです。こうした「自由」の末路については、少し考えなければなりません。かつてドイツの哲学者カントは「鳩は真空の中ならもっと抵抗なく飛べると思うかもしれない」と言いましたが[*9]、これは逆説的に抵抗がなければ鳥は自由に飛べないということを述べている言葉です。鳥と同じように、人間は抵抗=制限のあるなかでしか自由を感じられないようにできています。しがらみがあってこその自由なのです。ラクに富や名声を手に入れ、あくせくとお金を稼ぐ必要のない「自由な人」が法に触れるようなところに刺激を求める、というのはよく聞く話ですね。それは果たして幸せな人生なのでしょうか。夢のない考え方だと言われるかもしれませんが、大人になればローンもある、家族も養わなくちゃいけない、社会的制約もある。でも、いや、だからこそ、働き甲斐も幸せもあるのです。

現実離れした未来像に手を伸ばすことを煽るのではなく、制約のある生活のなかで自分自身の芽を伸ばしていくことを方向づけるのが教育の大きな役割です。ＡＩ時代を見据える親にとって「子どもの自主性を育む自由な子育て」、「社会で即戦力となれる能力を効率よく養える学習」というのは魅力的な響きかもしれませんが、こんな時代だからこそ、子どもの未来の幸せを守るという意味で、学校教育の意義をじっくりと考えてみることも必要です。

24 長期休校時にこそするべき「勉強」とは？

暮らしに直結する学びを

――新型コロナウイルスの流行で学校が長期休校となった際には、子どもの勉強をどうするのか、多くの親が試行錯誤したと思います。第3章⓭で「子どもたちもシフトチェンジし、生きていくための学びを……」というお話を伺いましたが、実際のところ「学校の成績も気になる」という親も多いですよね。再び休校のような事態がやってきたときに備えて「学校の成績にも、生きる力にもつながる勉強の仕方」というものがあったら教えてください。

――第3章⓭でもお話した通り、長いあいだ学校に行かずに済む期間があるというのは大変なことですが、子どもたちにとってはある意味チャンスです。もしまたそうした機会があったら、ぜひ親子で試していただきたいことがいくつかあります。

まずは、これまでの学習のどのあたりで引っかかっているのかを確かめましょう。問題点がはっきりわかれば、取り組むべきことが見えてきますから。とはいえ、教科書やドリルを並べて机に縛り付けるのは逆効果。せっかくですから、暮らしのなかから教材を見つけてみてください。その方が、子どものモチベーションも上がります。

たとえば小学校3年生以上であれば「コップ1／3のオレンジジュースとコップ1／3のソーダを合わせてね」「このケーキを6等分に切ってね」などとお手伝いを頼んでみましょう。「できなかったら、あげないよ」とゲームにしてみたら、楽しんでもらえるかもしれません。ここでうまくできないと、分数が理解できていないことが見えてきます。小学生の算数は、3年生で習う分数の足し算引き算でひっかかる子がたくさんいるので、これはおすすめですよ。

国語なら、一日の予定表や買いものメモを漢字で書いてもらうのもいいですね。意外な漢字を書けないことが発覚することがよくあります。小学校の学習範囲からは外れますが、漢字が好きな子なら、食卓に並ぶ魚の漢字を覚えさせるのも面白いでしょう。「勉強って生活のために必要なんだ！」と腑に落ちれば、ぐっと興味をもつ子が出てきます。そこで初めて教科書の出番になるのです。

子どもの勉強につきそうときには、わからないことを責める必要はありません。引っかかっているところをはっきりさせて、そこからやり直しをさせましょう。そして、それが暮らしにどうつながっているのか、子どもに実感させることが親の役割です。「ドリルで正解を出せるだけ」の学力では、いざというときの生きる力につながりません。

いまこそ、社会と向き合う力を

――非常時には社会の動きを把握することも重要ですね。子どもにもニュースを通して社会との向き合い方を教えていかねば……と思っています。子どもにニュースを伝えるときのコツはありますか?

――子どもと一緒にニュースを見たり、新聞を読んだりすることはとても大事です。いまは、これまでの社会を成り立たせてきた価値観が大きく変わりつつある時代。「なぜこんなことが起きているのか?」と「いま」を理解することは、今後さらに大きな変化が起きたときに時代から振り落とされることなく、自分のすべきことを見つける力の源となってくれるはずです。

親子でニュースを見るときは、親が「翻訳者」になってニュースの内容を子どもに合わせた言葉に置き換えてあげてください。単に情報を正しく伝えるという意味だけではなく、「相手の状態に合わせて物事を伝える」という姿勢が、子どもの見本にもなります。

ニュースを理解すると、子どもの口からは「どうして?」が出てきます。これは成長の芽ですね。たとえば、新型コロナウイルスが流行している時期であれば、「ウイルスはどうして感染するの?」などという質問が出てくることでしょう。ある程度考える力のある年齢の子なら、ヒントだけを示して考える道筋を見守るのもいいでしょう。パソコンでの検索方法や図書館で資料を探す方法など、情報源の探し方を教えるのもいいですね。食べものを与えるだけでなく、狩りの方法を教える動物の親と同じです。ウイルスの仕組みが分かったら、そこから「ウイルスにとって我々人間は宿主なので、宿主が死んだら困る。宿主を生かさず殺さず、ほかの人にうつすように動いているウイルスって不思議だね」という話もできるでしょうし、高学年の子ならその流れで遺伝子や生殖の原理について話すこともできるでしょう。ただただ、「外出しちゃダメ」「汚いモノを触っちゃダメ」と言うのではなく、ウイルスの原理を学ばせる。そして、ひとつの知識からより深く連鎖的に学びを広げていく。これを子どもが楽しいと感じるようになったらしめたものです。

私たちは何でもすぐにスマホで検索しがちですが、最短距離で正解にたどり着くよりも親子でじっくり考える癖をつける方が、長い目でみれば生きる力につながりますよ。

小学校では2020年から、中学校では2021年から全面実施される新学習指導要領でも、「表現する」「判断する」ということが重視されています。「表現」というのは自分を一方的にアピールすることではなくて、相手の状況を理解した上で、自分の気持ちを伝えられること。「判断」というのは、自分がいま置かれている状況を理解して、そのなかで最善を尽くすこと。これは、教科書で学べることではなく、大人を見ながら学んでいくことです。これからの社会では、間違いなくこれまで以上に物事の本質が求められるようになります。必要とされるのは、現行の社会が壊れたとしても自分の力で生き抜く知恵。ぜひ、そんな知恵につながる学びを模索してみてください。大人も一緒に学び、ときに子どもに教えてもらいながらも手腕を発揮していければ、学びは非常事態下でも必ず大きな実を育んでくれることでしょう。

25 長期休校中も時間割に従って勉強すべき？

休校中は時間割よりもプロジェクト重視で！

——新型コロナウイルスの流行による休校期間、小学生の保護者から多々あがった声といえば、「決められた時間割通りに勉強してほしいのだけれど、なかなか言うことを聞いてもらえず、結局は親子ゲンカに……」というものもありました。休校中の時間割や生活パターン、どのように考えればよいのでしょうか？

——第４章㉓で「興味がなくても、言われるままの勉強をこなさなければならない学校教育は、たくさんの種を蒔いてもらっているのと同じ。受け身になることにも意味がある」というお話をしましたね。ただ、せっかくの休校期間に学校や親が決めた時間割に従わせる必要はありません。とはいえ、長期休校時となるとまた状況が違います。プランなしで自分を律するのは小学生にとって難しいことでしょう。

「時間割に従わせるべきか否か」という考え方ではなく、子ども本人が何をしたいのか、そしてそれを成し遂げるには何が必要なのか、ということをこの機会に親子で話し合ってみましょう。「勉強なんてやりたくないけれど、決められたことはこなさなければダメなんだ」という考え方とは真逆の「目的思考」ですね。こうした考え方に基づいて進める学習を「プロジェクト学習」といいます。目的は動くロボットを作ることでも、サッカーの研究を極めることでも、社会課題を解決するアイデアを出すことでも、何でも構いません。その目標を達成するためにいまの自分にはどんな知識が足りないのか、そのためには何を学ぶべきなのか、自分で考えるのです。そして、宿題など学校の勉強をする時間を間に差し挟みつつ、自分で時間割をつくってみるのです。もちろん、好きなことだけに集中する日があってもいいと思います。

これは、「科目そのものを子どもが自分でつくる」という考え方にもつながりますね。僕は『電車が好きな子はかしこくなる　鉄道で育児・教育のすすめ』という著書を書いたことで、鉄道好きな子と接する機会が多いのですが、たとえば鉄道好きな子どもが路線図の成り立ちをもっと深く知りたい、と思ったとしましょう。そのためには、地理や歴史を独自の切り口から学ぶ必要がありります。そうすると「路線図の成り立ちを知るための地理と歴史」という新たな科目が生まれますよね。こうして、どんどん新しい科目をつくっていけたら素晴らしいと思います。

子どもが「プロジェクト学習」に取り組むことになったら、親はぜひ知識の習得の仕方(図書館の蔵書の調べ方、パソコンでの検索の仕方など)を教えてあげてください。そこから子どもはより幅広い世界に目を向けることができるようになるし、親子の深いコミュニケーションも生まれることでしょう。

長期休校は、自分の好きなことを追求するチャンス

——たしかに興味のないことをただただ暗記するだけ、という日本式の学習だけでは限界を感じますね。2021年から新たに始まる大学共通テストでも、自分で考える力が重視され、様々な改革がなされるはずでした。日本の教育のあり方が大きく変わっているのでしょうか?

——「プロジェクト学習」などは新しい動きに見えるでしょう? でも実はこれ、いまから100年ほど前に子どもの自主性を伸ばすために世界的に発展した「進歩主義教育」を受けて、日本でも大正時代に発展した「新教育」に基づいた考え方なんです。いまでも、一部の私立学校にはこの考え方に基づく教育が残っていますよ。学校教育というと、ついつい我が子が受けている教育が絶対的な常識だと思ってしまいがちですが、実はそうではないんですね。歴史的には、いろいろな教育法があったわけです。結果的にこの「プロジェクト学習」は日本に定着せず、この数十年の学校教育といえば、学びたくなくても学校に行き、必要ないと思われる知識でも詰め込まれてテストされ……というものでした。第

4章㉓で詳しくお話したように、そうした学校教育にも大きな意義はあります。ただ、長期休校を機会に「自分が好きなこと、やりたいことは何なのか」と改めて考えることにも、また大きな意味があると思います。それは必ず子どもの未来につながりますから。現在は、「プロジェクト学習」の理念に則った学校も日本の各地で新設されています。公立小学校にもそのようなチャレンジを組み込もうとしている学校が増えてきているので、やはり変革期なのだと感じます。

非常事態というのは大人にとっても大変なときですが、我が子と一緒に長い時間を過ごす経験は貴重です。「時間割に従わせるにはどうしたらよいのか？」「ドリルを1日○ページやらせるにはどうしたらよいのか？」という考え方から少し離れて、余裕をもって子どもの暮らしと学びを見つめてみませんか？

26 進まない宿題のモチベーションアップ術

ルーティンワークは「フロー」で乗り切る

——学校が長期休校になってしまうと、たとえ小学生であっても、なんとか自力で勉強のモチベーションを維持していかなければなりませんよね。親がけしかけたところで、その場しのぎにしかなりません。後々の本人の成長につながるような良いアイデアがあったら教えてください。

——まずは、宿題など日々のルーティンワーク、つまり「やりたくないけれど、やらなくてはならないこと」をこなすためのモチベーションの話からしましょう。お母さんたちからはよく「1日何ページやらせればいいのですか?」「○年生なら、1日何時間やらせるのが正解ですか?」と聞かれますが、答えは量や時間ではなく、本人の状態をよく見て決めるということです。

教育心理学やスポーツ心理学では「フロー」という言葉がよく使われます。物事に完全に没頭している心地よい状態のことですね。宿題のようなルーティンワークは、この状態で取り組むと効率良く進みます。フローを日々うまく維持していくコツは、いいところでやめさせてあげること。たとえば30分なら30分、ある程度決めておいた時間が経過したら、よく集中している様子であってもそこで止めてあげてください。「キリがいいから、あと○ページやりなさい」と、本人がへとへとになるまでやらせることにメリットはありません。気持ち的に「やり切らない」ということが、翌日スムーズにフローの状態に入るための大事なポイントなのです。前日の満足感や達成感を心のなかに保っていると、「またやろうかな」という気持ちになれますから。

これは近年のスポーツの世界でもよく言われています。たとえば、野球選手が「素振りは1日1000回」という目標を決めると、数をこなすことが最終目的になってしまい、フィジカル的にもメンタル的にもぐだぐだになって最後はフォームが崩れてきます。実は、昼間練習して覚えた体の使い方が休息時や睡眠時に神経レベルで定着することは、神経科学の研究で明らかになっています。だから、その日の練習をどう気持ちよく、よい形で終えるのかはとても大切なこと。疲れ切って練習を終えると、やめた時点でのフォームや「もうイヤだ」という気持ちが練習の後に定着し、次の日はそこからのスタートになってしまうのです。これは、どんどん技術やモチベーションを落としていく「下手になるための近道」ですね。

逆に、自分が高いモチベーションを感じていることで、短期間で結果を出さねばならない作業であれば、キリのいいところまでやり切る方が良い場合もあります。ある程度の限界を越えたところで、よいアイデアが湧いてきたりするものですから。でも、ルーティンとして淡々とこなさなければならないことは、燃え尽きないことに主眼に置いて、良い状態の記憶が睡眠や休息を通して持続するように意識してみてください。これだけでずいぶん変わってくると思います。

ときにはYoutuberを真似てみよう

——根性論ではなく「フロー」という脳の状態をうまく利用するという考え方、新鮮ですね。これなら「宿題やりなさい！」「いやだ！」という不毛なバトルはなくなるのではないかと思います。ルーティンワークではない学びの場合はいかがでしょう？

——第4章㉕では「自分でプロジェクトを立ち上げて、達成させるために必要なことを学んでいく」というプロジェクト学習をおすすめしました。

そこでひとつ提案したいのは、学んだことを発表する場を設定することです。たとえば、保護者の方と一緒にYoutubeのアカウントをつくって、その発表を親戚やお友達限定で公開してはいかがでしょう？　まず、「○月○日にこんな発表をします。そのためにこれからこんなことを調べます、練習します」といった計画をプレゼンテーションして、当日にその成果を発表するのです。目標を設定し、そこに向けてのプロセスをプランニングする能力を育てることができます。公開すると決めることで、発表会に向けて準備をするような緊張感を得られ、それが励みにもつながりますね。

新型コロナウイルスの影響による自粛をきっかけに、さまざまな分野でオンライン化が進んでいます。大人はＹｏｕｔｕｂｅｒを否定しがちですが、今後は間違いなく動画による自己表現のテクニックが必要とされるようになります。この流れもまた止められないものです。Ｙｏｕｔｕｂｅｒがひとつの作品をつくるような意気込みで動画制作に取り組めば、これからの社会で必要とされるスキルと目標達成という大きな２つの成果を得られることでしょう。

27 オンライン学習の落とし穴

オンライン授業の疲労度は、対面授業より高い

――コロナ禍の影響で、小学生から大学生までたくさんの子どもたちがオンライン授業を経験することになりました。もちろん親にとっても初めてのことで、親子ともども戸惑いは多かったようです。我が家では、高校生の息子が長時間のオンライン授業について「対面授業より疲れる」と訴え、頭痛や吐き気でぐったりしていたのが印象的でした。

――そうなんです、オンライン授業は先生も生徒も疲れます（笑）。対面授業とは別物だと思った方がいいですね。なぜなら、パソコンやタブレット端末の画面は強い拘束力をもっているからです。「拘束力がある」というのは、画面を見ているときに脳がほかのことを考えたり、ぼんやりしたりしづらいということ。入ってきた情報を通して何かを考える余裕がなく、インプットのみになってしまうのです。そうすると、人は一方的にコントロールされていきます。つまり洗脳状態になってしまうんですね。僕もオンライン授業を行っていますが、対面授業に比べると学生の発言にオウム返しのようなものが増えています。情報が入ってくるけれど、自分からは出せないという状態ですね。

それに比べて、現実世界の方は拘束力が弱いのです。対面授業では、先生が話していても子どもたちはよそ見をしたり、ぼんやりしたりする瞬間がありますよね。これは悪いことのように思われがちですが、話を聞きながらほかのことを考えられるのは脳に余裕がある証拠なのです。余裕があると先生との間にちょうどよい距離が生じるので、授業が進んでいる最中でも少し前に聞いたことを反芻《はんすう》したり、いま話されていることから離れて自分の考えを導き出したりできるのです。オンライン授業に比べて面白い意見が出るのは、この余裕によるものです。

ではどうすればよいのかというと、お子さんが自宅でオンライン授業を受けていたら、キリのよいところで「先生、どんな話していた？」と聞くようにしてみてください。録画を流す形式の授業であれば、時々映像を止めて聞いてみるのもよいかと思います。短いスパンで反芻することで、しっかり記憶したり自分の考えを整理したりすることができるようになりますから。

また、この拘束力の強さゆえ、オンライン授業は対面授業に比べて頭や目がずっと疲れます。きちんと休息をとって、寝る前には蒸しタオルで目のまわりを温めるなどのケアをしてあげてください。

——なるほど、なぜ息子があれほどの疲労を訴えていたのか、よくわかりました。ほかにもオンライン授業ならではの気をつける点はありますか？

——そうですね、これはオンライン授業というよりもオンラインの教材を使うときの注意点なのですが、たとえば漢字の練習などをタッチペンでしているケースがありますね。これは要注意。漢字は、やはり従来通り紙に鉛筆で書くことをおすすめします。タッチペンで書くのと、紙に書くのとでは感覚がまったく違います。紙に書くときは、指先、手首、肘、肩からの刺激が脳に伝わることで、しっかりと手で文字を記憶することにつながりますが、タッチペンではそこまで強い感触が体に残りません。オンライン化が進んでいるとはいえ、子どもたちには先々、筆記試験もありますよね。手で書いて体で覚えておかないと、いざ試験のときに書けなくなってしまいます。

リアルとオンラインのモードはちがう

——長期休校でオンライン授業が普及したことと並行して、子ども同士のコミュニケーションもかなりの割合でＬＩＮＥやＳＮＳに移りつつあります。いまや小学生でも当たり前のように使いこなしている子が増えていますよね。この流れは止められないと思うのですが、親が注意すべき点はどこにあると思いますか？

――大人はよく知っていることですが、リアルな世界とオンラインの世界のコミュニケーションはイコールではありません。そのモードの違いを、大人は子どもにしっかりと伝えていく必要があります。

オンラインのコミュニケーションは直截的です。スタンプや「いいね」のような機能で済ませることができるのは便利ですが、そこからはニュアンスが汲み取れないため、慣れてしまうとその裏側に複雑な感情があることを忘れてしまいます。コミュニケーションというのは本来、ちょっとした雰囲気や表情、声音などを手がかりに相手の心を感じ取っていく繊細で複雑なもの。スタンプのようなやりとりに頼っていると、さまざまな情報を寄せ集めて相手の気持ちを慮《おもんぱか》るような高度なコミュニケーションの力が育たなくなってしまいます。親子で落ち着いた語り合いの時間をもつことでそうした感覚を養っていくことは、今後ますます大切になるでしょう。

いったん軌道に乗ってしまったオンライン学習、オンラインでのコミュニケーションは、今後ますます定着していくと思われます。せめて家庭では、現実の世界をしっかりと見せるように心がけていきましょう。たとえば、魚をさばくところをよく見せるとか、台所やトイレがどのように汚れるのかを見せるなど、お手伝いをさせながら伝えられることもたくさんありますね。現実にきちんと触れさせることで、リアルとバーチャル（デジタル）

を行き来できるバランス感覚が育まれていきます。

これからの世代は、２つの世界を行き来しながら、両方のいいとこどりをしていく世代。子どもの豊かな個性は、その行き来のバランスから形づくられていくのだと思います。

28 最近増えている「ＡＩ読み」とは？

ただ単語を拾うだけの大学生

――弘田さんとお話しているなかで、はじめて「ＡＩ読み」という言葉を聞きました。文章をＡＩのようにしか理解できない若者が増えているのですね。これは具体的にどのようなことを指すのでしょう？

――「ＡＩ読み」というのは、ＡＩが文章を読むようにただただ単語を拾っていき、なんとなく知っている文脈に当てはめて、全体の内容を読み取っていくような読み方です。

これは「ＡＩに東大入試の合格点を取らせよう」という開発に勤《いそ》しんでいた国立情報学研究所教授の新井紀子さんによる造語で、ＡＩ特有の日本語読解の特徴が実は今日の多くの中高生の読み方に当てはまる、という論に基づいています。[*10] 新井さんは「ＡＩ読み」の特徴として、「〜以外は」とか「〜のうちで」という機能語（単語を文脈に位置付ける語）をきちんと理解せずにのっぺりと読んでしまうので、結局その文章が全体として何を言わんとしているのかを理解できない、ということを指摘しています。僕のまわりの大学生にも「ＡＩ読み」をしている子はたくさんいます。機能語を読み飛ばすだけでなく、単語を理解していないこともよくあります。自分ではわかっているつもりですらすらと読んでいても、ひとつひとつの単語についてどのように理解しているのかを聞かれると「言われてみれば、わかりませんね……」と気付くような状態ですね。何がわかっていて何がわかっていないのか、自分でも分からないという状態はかなり危険です。

この10年ほどで、こうした「AI読み」をする学生が増えてきたように感じています。どうしてこんなことになってしまったのか、その理由として僕が考えるのは2つ。

ひとつ目はスマホです。若い人たちがスマホで触れる文章というのは、誰にでも一読して分かるように書かれているものばかりで、読みながら熟考する必要がありません。コミュニケーションも、LINEなどでの短文やスタンプが中心ですよね。長いメールや手紙を書くことはまずありません。読み書きをスマホで終始させている人が、少し複雑な文章になった途端に読めなくなるのは、当然といえば当然のことです。

ふたつ目は、偏差値重視の受験勉強ですね。受験対策向けの塾などでは、きちんと文章を読み込むことより「文章の意味がわからなくても点を取れる」という不思議なテクニックを叩き込まれます。だから、文章を読んだときに「ああ、そういうことだったのか！」と腑に落ちる感覚、納得できて気持ちよい、という感覚を経験せずに成長してしまう子がたくさん出てくるのですね。そうすると、腑に落ちる感覚のないまま読み進めることが日常茶飯事になってしまいます。この2つが相まって、「AI読み」をする若者がたくさん出てきたのではないか、と僕は思っています。

他者の文脈に入っていく、ということ

――ということは、もっと遡《さかのぼ》って幼少期に「読む」ということのベースをつくっておく方がよい、ということでしょうか？

――そうです。なかでも、読み聞かせは大事ですね。絵本、つまりファンタジーやフィクションは、現実とは別の世界のお話ですよね。その世界を理解するためには、自分の力でその世界の文脈に入っていかなければなりません。小さい頃に読み聞かせをしてもらうことで、人は未知の文脈に入り、その世界の前提や常識を理解していくことに慣れていくのです。こうした力がベースにあれば、「AI読み」のような読み方はしないはずです。

絵本の読み聞かせは、早ければ1歳のうちに始めたいですね。最初はストーリーがあるものではなくて、『もこ　もこもこ』（文／谷川俊太郎、絵／元永定正）などのような、絵を見ながら言葉の響きを楽しめるものがよいでしょう。言葉の意味が重要ということではなくて、子どもが「親に本を読んでもらう」という状況に親しめればよいのです。つまり、お父さんでもお母さんでも自分でもない「本」という外部のメディアを通して、親子でコ

ミュニケーションをとることに慣れていくということです。

子どもは4歳頃になると少しずつ自我が芽生えて、他者への理解の仕方も少し変わってきます。たとえば、子どもたちに次のような質問をするとしましょう。「AくんとBくんが部屋にいます。Aくんが部屋から出ている間に、Bくんはカゴのなかにあったオモチャを戸棚のなかに隠しました。Aくんはそのオモチャがどこにあると思うでしょうか？」

3歳くらいまでの子はみんな「戸棚」と答えます。でも、実際Aくんは部屋から出ていてオモチャが隠されたところを見ていないので、オモチャはカゴのなかにあると思っているはずです。4歳くらいになると、多くの子どもはAくんの立場に立って、実際にオモチャがある「戸棚」ではなくて、Aくんが部屋から出る前にオモチャがあった「カゴ」と答えることができるようになります。このような他者の心の中の想定を考えることができることを、発達心理学では「心の理論」をもっているといいます。こうした「心の理論」で、他者がもっている文脈が分かるようになってくるのは、単なる年齢のせいではなく、読み聞かせなどの経験と相まった結果だと思います。そう考えると、ある程度言葉がきちんと育ってくる3歳頃までに、ぜひ物語の世界に馴染んでおきたいですね。

――読み聞かせにはそんなに大きな意味があるのですね。とはいえ、幼少期に読み聞かせをしてこなかった家庭もたくさんあると思います。タイミングを逸したとしても、遅すぎることなんかないと思いたいところですが、いかがでしょう？

――本来であれば、小学校でひとりひとりにそうした世界を見せてあげられるような教育をしてほしいですよね。でも、いまの教育現場にそこまで求めるのは難しいでしょう。現実は読み書きのドリルを人一倍やらされて、ますます本が嫌いになるのが関の山です。やはり、アタッチメント（第1章❶参照）が形成されている親の膝の上で、現実とは違う別世界を安心した状態で旅することができる、という幼少期の環境がとても大事なのです。もし、読み聞かせをしてこなかったとしても、小学校3年生くらいまでであれば、そうした時間は取り戻せると思います。ただ、思春期に入ってしまうと、お母さんが読み聞かせて……というのは、関係性として難しいでしょうね。

中高生になれば、先生や友だちの影響で小説や映画に出会い、そこから世界を広げていく……という可能性に期待したいところです。ただ、不況を経たことで、エンターテイメント作品は徹底した「売らんかな」の意識で作られるようになってしまいました。売上を上げるには、万人に気に入られることが一番。そのためには分かりやすく、共感しやすく、テンポよく……というわけです。いまの若者の世界観と同じ世界観を再現しているライトノベルなどは典型的ですね。そうしたものばかりと接していても、別の文脈に入るという力はつかないし、自分自身の成長にもつながりません。そう考えると、中高生には少し昔の文学作品など、明らかに世界観の違うものをすすめてあげることが必要になってくると思います。文脈に入り込むのに少し努力がいるような作品を楽しめるようになれば、「AI読み」をするような大人にはならずに済むでしょう。

自分のいる世界とは別の世界、別の文脈があるということを知らないまま大きくなってしまうと、いくつになっても自分の友だち、自分の家族、自分の会社……と、自分のテリトリーのなかで、自分たちにしか通用しない論理でしか生きていけなくなってしまいます。そうした生き方では、壁にぶち当たったときに早々と限界に達してしまうことが容易に想像できます。「たかが読み聞かせ」と思うかもしれませんが、読み聞かせをするかしないかは、子どもが今後生きていく世界をどれだけ広げられるのか、その可能性を左右することにもつながるのです。

とはいえ、もちろん読み聞かせはその後の子どもの将来性のためというよりは、その時の保護者との関係性の構築や子どもとの豊かな時間のためのものです。どうか、まだお子さんが小さいときには一緒によい時間を過ごしていただければと思います。「AI読みをしない子に育てるには?」というお話でしたが、ずいぶん深い話になってしまいました(笑)。

第5章

チャレンジ

ここまで、たくさんのお話を聞いてきました。「モノがなくても自分で遊びを生み出せる子に」「瞬時に動ける体をもった子に」「アイデンティティにつながるものを自分で見いだせる子に」など、これからの子育てに具体的なイメージをもてるようになってきたような気がします。
「実際に前に進んでいくには、親子で何か新しいことにチャレンジしてみるといいですよ」と弘田さん。たとえばどんなことが、これからの時代を生き抜く力になってくれるのでしょう？　わくわくしながら聞いてみました。

29 モノに縛られない人生を楽しもう——アウトドアレジャー

第1章❸で「災害時に備えて、日常生活のなかでモノがなくて困ったときに買いに走らず、子どもと一緒に試行錯誤してみよう」というお話をしました。「替わりのものでどうにでもできる」「なければないで、こうすればやり過ごせる」という知恵をつけよう、というお話でしたね。これを学べるのがまさにキャンプです。

最近は、キャンプ用具やシャワーやトイレ、食材などもすべて用意されていて、なかばホテルライフのような楽しみ方のできるグランピングが流行っているようですが、子育て中であればぜひ、最低限の設備と食材で夜を明かすキャンプを経験してほしいと思います。子どもたちが意外なアイデアを発揮する場面もあることでしょう。夜の闇の深さを知ることも、虫や植物の毒の有無を知ることも、すべてが災害時に役立ちます。

これが登山となれば、持って行けるものはザックに入るものだけ。しかも重くなればなるほど歩くのがつらくなるので、必然的に持ち物を減らさなければならなくなります。そのような状況のなかで本当に必要なものは何なのか、なくても済むもの、代用の効くものは何なのか、子どもたちと一緒に荷造りをしながら考える時間はとても貴重です。

もうひとつ、アウトドアレジャーはインドアレジャーに比べて体を使うというメリットもありますね。いま、まわりを見回してみると元気な高齢者がたくさんいます。こうした方々がなぜ高齢になっても元気なのかといえば、戦前、戦中、戦後という生活が不便な時代に必死に体を使って生活してこられたからです。彼らを見るにつけ、高度成長期が終わった時代に生まれ、便利で快適な生活しか知らない僕たち親世代がいつまでも元気に過ごせる保証はないとつくづく思います。いまの高齢者のような強い体をつくっていこうと思ったら、自分の中に「現代人の体」だけでなく、「野性の体」をしっかりと育てていくことですね。とくに幼児期から小学校低学年にかけての子どもたちは、野外で十分に体を使って遊んでほしいと思います。なかでも登山は、不規則な体の使い方をするという点でおすすめです。というのは、たとえば同じ歩幅の階段を登り続けていれば、人の体はその動きに馴染んでオートマチックに動くようになってきます。逆に登山では岩をよじ登ったり、沢を渡ったり、薮をかき分けて進んだり……と状況に合わせて体の使い方を変えていかねばなりません。こうした経験を積むことで、「野性の体」ができてくるのです。

不自由さを知ること、自然の地形に合わせて動くこと、アウトドアではすべてが自分のなかに野性を取り戻すことにつながります。インドア派の親にとってはややハードルが高いかもしれませんが、子どもの年齢に合わせて、無理のないところから始めてみてください。

30 人と人が会うことの真髄を探ろう――茶道

ＡＩやロボットはどんどん人間の生活に入り込んできています。囲碁や将棋の相手としても、会話の相手としてもすでに成り立っていますよね。そんな時代において、ＡＩが絶対に入り込んでこない世界のひとつが茶道だと思います。

わび茶の大成者である千利休の時代は、戦国の世でした。茶の湯にひとときの安らぎを求めた武将たちは、同じ人と何度会うとしても「この一瞬はかけがえのないものである」という一期一会の精神を追求していました。いわば、人と人が会うことの極致です。茶の湯の作法は、嗜《たしな》んでいない人々の目から見ると無駄な手順に見えるかもしれません。しかし、それは一つ一つが集中力を高め、そこにいる人々同士でしか共有できない世界をつくりあげる手段です。これが単なるＡＩやロボットとは異質な世界である所以です。もし機械がお茶をたててくれても、人はその場に集中することはできないでしょう。

「一期一会」について考えることは、たとえば死にゆく人にはどう対面すればいいだろう、と考えることにもつながります。子どもたちも、生きていく上でそうしたことを考えることが必要になってきますよね。何の利益もなく、楽しいことが起こるわけでもなく、それでも人と人が会う、いつか会えなくなるかもしれないという可能性も考えながら大切に会う、ということの重要性を子どもに伝えるのは難しいことですが、茶道は作法を通して感覚を研ぎ澄ませることによって、その重要性の発見に導いてくれるものだと思います。

もうひとついえば、こうした一期一会の安らぎを求める場にあっても、戦国武将たちは自らの身を守ることを忘れませんでした。とはいえ、あからさまなことはしません。すべてが暗黙のルールとして所作に含まれているのです。たとえば、にじり口とよばれる入り口は小さく、誰もが刀を抜かないと入れないことは皆さんご存知ですね。ほかにも、どんな所作も手の内を見せ、毒物を隠し持っていないことを明らかにすること、人と人がほとんど対面にならないこと、茶碗に毒物が塗られていないことを示すために拭き清めること、お茶を飲む手のひらを汚さないようにお辞儀のときは畳にこぶしをつくること……など、たくさんのルールが一連の所作のなかに盛り込まれています。所作は体の集中を高める一種の儀式であると同時に、お互いの身を守る術でもあったわけです。このような型をつくった利休の偉大さには、うならずにはおれません。

いま、僕たちはウイルスの脅威にさらされ、いかに他人と密着せずに人間らしい関係を維持していくかという、これまでにない課題と向き合っています。一期一会の精神と自衛を究極のかたちで共存させた茶道からは、多くのヒントをもらえることでしょう。

31 アドレナリンに振りまわされない体づくりを——スポーツ

いざというときに、ぱっと動けるのか動けないのか？　その違いはさまざまな要因から生じますが、そのひとつは「アドレナリンが瞬時に出るかどうか」です。近年は、いくつかのホルモンがこのような働きを引き起こすことがわかってきていますが、ここではアドレナリンを取り上げてお話しましょう。

アドレナリンとは、危機に直面した動物が「戦うべきか、逃げるべきか」と、とっさの判断を迫られるようなときにどっと分泌されるホルモン。交感神経を高めて脳や体を興奮状態にさせ、いつも以上の運動能力や集中力を発揮させます。まさに「火事場の馬鹿力〟の源ですね。災害時などは、アドレナリンが分泌することで迅速に行動することができます。

アドレナリンが出るというのは必死になるということです。必死になると、普段のリラックスした状態では出せない力が出てきます。現代人の日常生活のなかに命の危機を感じるようなことはほぼないので、アドレナリンがあふれ出すような機会はなかなかありませんが、おそらく唯一、確実にアドレナリンを分泌できるのがスポーツです。個人スポーツであれチームスポーツであれ、勝敗をかけて戦う競技であればなおさらです。アドレナリンが出ると自分のなかからどのような力が湧き出てくるのか、スポーツをするとよくわかります。

さらに言えば、アドレナリンが体にまわることに慣れていないと、分泌されたときに体が振りまわされてしまいます。幼少期のけんかのように、泣き叫びながら、怒りに任せて拳を振りまわすような行為、つまりむやみに暴力をふるうような行為に出てしまうのですね。それではダメなわけで、アドレナリンが出てもそれに振りまわされないよう、体を慣らしておく必要があります。そのために生きてくるのが日頃のスポーツの体験なのです。

そんなお話をすると「うちの子は運動神経が悪いから」という方がいますが、運動神経は一概に良い悪いで判断できません。向き不向きの問題です。瞬発力がある子は短距離走が得意で、コツコツと続けることが得意な子は長距離走や水泳で力を発揮します。まわりと同調して動くことが得意な子は、サッカーやバスケットボールなどの球技が上手ですね。球技は目と脳をつなぐ能力の高さが問われますが、逆に柔道などは目よりも触覚を頼りに動きます。運動は不得手だと思い込まず、自分に合ったスポーツを探してみてください。本格的なスポーツチームに入らねば、ということではありません。日常的に親しむだけでも変わってきますよ。

32 内なる衝動を外へ出す手段として――アート

自分の手でつくった自分で納得できるもので、習う必要もなければ、それでお金を稼ぐ必要もないもの。何のためにやっているのかよくわからず、うまく説明することもできないし、誰の役にも立たないもの。そして、誰かに褒められることもなく、単なるムダな遊びようにも見えるけれど、自分のためには役に立つもので、それがあれば人生を生き切った気がすると思えるもの――。それがアートだと僕は思っています。そして、どんな子どもにもそれは必要なものだと思っています。

ここでお話したいアートというのは、親や先生に褒められたり、上手に仕上げて賞をもらったりするためのものではありません。子どもが自分自身のなかにあるドロドロとした思いやさまざまな衝動など、内なるものを外に出すためのものです。内なるものを表現として外に出すというのは、「出して終わり」ではないんです。表現したことによって、次の内面性が生まれるんですね。表現したものと、次の感覚がつながっているわけです。衝動の大きさや多様さは、人間性を形づくります。だから、幼児期から思春期にかけての子どもにとって、アートで自分を表現するということはとても大切なのです。

子どもというのは、内側にあるものをうまく言葉できないことがよくありますよね。幼児期とはまた別の意味で、思春期の子どもも自分の気持ちをうまく言葉にする術が見つからず、苛立つことが多々あります。そうした内なるものに対して、親は心配になってつい「お母さんは何でも聞いてあげるから、何でも言いなさい」という声かけをしがちです。でも、僕はすべてを口に出せることがよいことだとは思わないし、親も子どものフラストレーションをすべて解消してやろうと思う必要はないと思っています。内側にドロドロとしたものを抱える力、それをアートに託して外に出す力、そこから子どもの生きる力が育っていくことがあるからです。

たしかに「話す」という行為は「放す」ことにつながります。苦しい思いを抱えているとき、誰かに話すことが苦しみを手放すことにつながることはよくありますよね。でも、ときには簡単に手放してしまってはもったいないものもあるのです。何でも受け止めてくれる保護者の存在はたしかに大切なものではありますが、すべてを話すのではなく、ぎりぎりまで抱えた衝動をアートに託すことによって生きる力を得られることもある、と親は知っておく方がいいと思います。上手である必要はまったくありません。絵でも音楽でも、何でもかまわないので、小さなうちからいろいろなものに触れさせてあげられたらいいですね。

33 「最後に帳尻を合わせる」という感覚を学ぶ——料理

「災害時には、いつも使っているモノがなくてもほかのもので代用する、なければないでなんとかする」といった知恵が必要だというお話は、第1章❸をはじめ、何度かしてきましたね。そうした知恵を学べる最たるものが料理です。もちろん、焦がしたらダメだとか、硬いものから炒めないとダメだなどという基本的なルールはありますが、大事なのは「絶対にこの手順、この材料でなくてはならないということはない」ということ。そして「どんな仕上がりでも、それなりに食べられるものだ」ということ。テクニックを学ぶことより、誰もが驚くような美味しいものをつくることより、生きていく上で大切なのはこの2つです。

そして、「アレがないのだけれど、コレで代用したらもっと美味しくなるのでは？」とか「そもそも、メニューを変えてしまった方がいいのではないか？」など、即興性はつねに気付きを与えてくれます。僕なんか「カレーをつくるからね」と言っておきながら、途中で炒めものに変わっちゃったりする。家族はカレーの頭で待っているから迷惑なんでしょうけれど、途中で違う料理に変わるくらいでいいのかな、なんて思っていますね(笑)。

料理というのは、人類による壮大な科学実験。生では食べられないものを試行錯誤していろいろな方法で調理してみた結果、いろいろな技法が発見されたわけですが、このような技法の習得は人類の知性の発展に大いに寄与していると思います。

子どもたちにはある程度の基本を教えたら、レシピを見せずに「冷蔵庫にあるもので何か適当につくって」とお願いしてみるのもいいですね。どんなレシピもスマホで簡単に見られるだけに、すべてレシピ通りでないといけないと思い込みがちですが、ベストな材料や段取りは最終的には自分でつかむもの。さらに、複数の料理を同時につくるマルチタスクになると何から手をつけようか悩むものですが、数をこなせば慣れるものです。味や煮込み加減なども、経験を積みながら会得するしかありませんね。それぞれの鍋の前に立って、どれくらいならば食べられるようになるのか、勘を頼りにしていくしかありません。調味料を足すたびに味見をしたり、誰かに確認したりしていたら、最後までたどり着かないでしょう？　段取りも味も、最後は自分で帳尻を合わせるのです。帳尻というのは、言葉や論理ではない感覚的なもの。他人の判断ではなく、自分で「これでよし」と思えることが大事です。

もちろん最低限の料理ができれば、どんな状況でも生きていけるという利点はあります。でも、それだけでなく「アレがなければ暮らしていけない」という、ものに縛られた考え方に陥らないためにも、ぜひ子どもには自由な料理の手ほどきをしてあげてください。

34 壊れてしまわないために——自然に触れる

人は誰しも、意味のある世界で生きています。日常生活のなかで触れるものに、意味のないものはほとんどありません。自分の部屋や仕事場を見渡してみてください。身のまわりにあるものには必ずそれぞれの来歴や由来があり、さらには機能性や必要性が備わっています。

それに対して、自然というのは人間にとって意味のあるなしに関係なく、ただそこに存在しているものです。もし自然が生活空間に入ってきたら、ノイズのかたまりのように感じられることでしょう。しかし生活空間を離れて、寄せては返す波を眺めているとき、森のなかで鳥のさえずりに耳を傾けているとき、皆さんはどんな気分になりますか？　頭のなかを占めていた思考がいつのまにか溶けるように消え去り、気付いたらすっかり時間を忘れていたりしませんか？

僕たちは、意味のないものを見て美しいと思えるようにできています。人は自然の摂理から成り立っている複雑なものを見ると、無条件にそれを受け入れるようにできているのです。普通、砂浜で海を眺めているときは「どういう仕組みで波が動いているのだろう？」

なんて考えませんよね。ほとんどの人が「波とはこういうものなんだ」と全面的に受け入れ、無条件に自然の世界に没入し、気付けばぼんやりしながらも安らぎを感じるモードに入っています。

自然を眺めるときに複雑な仕組みを理解できないことに苛立ちを感じるばかりで、こうした「ぼんやりしながらも安らぎを感じるようなモード」に入れない人は、あらゆる物事に対して解明することを求めます。そうすると、苦しくなってきますよね。最近は、どうもそうした人が増えているように感じます。

これからの時代、災害や感染症の拡大など、予測不可能なことはまだまだ起きる可能性があります。ＡＩ化は進み、ＩＴ事情も複雑化の一途を辿っています。簡単に解明できないことは、ますます増えていくことでしょう。そのような状況のなか、ただ目の前のものをぼんやりと眺めるモードに入れる時間は、どんな人にとってもこれまで以上に必要になってきます。なぜかといえば、これはもう「人間が壊れてしまわないために」という一言に尽きるでしょう。

人生を「解明できるもの」「理解できるもの」で埋め尽くしてしまうことには危うさがあります。医学博士であり解剖学者でもある養老孟司さんは「私たちは意味の世界の中に生きて、自分の人生を有意義なものにしようとしているけれど、元々、自然の生き物としての人間は無目的でその場限りで生きているんじゃないのか」と書かれていますが[*13]、意味ばかりの世界のなかで考える「有意義さ」には限界がありますよね。なぜなら、そこはすでに自分で十分にわかっている世界だからです。もし、あなたの人生に意味のわかるもの、理解できるものしか存在していないとしたら、それでも明日を生きていこうと思えるでしょうか？　大人になって、わからないものが少なくなってきたときに、「後はもう繰り返ししかない」と考えてつまらなく感じたことはありませんか？

そんな大人たちも、思いがけないものや、理解しようとしてもできないものとの出会いを楽しむというモードをもてば、人生に別の風を吹かせることができます。ときには物事を解明しようと躍起になることから離れて、意味の存在しないところ、理解から離れるところ、つまり自然のなかに身を置いてみてください。遠出をする必要はありません。身近なところにある自然をぼんやりと眺める深いやすらぎの時間を、子どもと一緒に味わってください。すべては、時代のなかで「壊れてしまわないため」です。

35 不安な時代を生き抜く術を体で学ぼう――旅

旅はいいですね。不安な時代を生き抜いていくために必要な、あらゆることを学ぶことができます。いつの日か一人旅を楽しめる青年に成長できるように、大人がきっかけをつくってあげたいものです。

さきほどの料理のお話にも通じますが、旅にも段取り、つまりプランは大切です。けれども、心のどこかで「プラン通りにいかない可能性もある」と思っておくことは、もっと大切です。思い通りにいくと思っていたら、ひとつ崩れただけで立て直せなくなりますから。第1章❸でもお話ししましたが、何事もコントロールできると思い込まないということは、非常時を生き抜くための大切な「備え」のひとつでもあるのです。

目的地を決めて実際に街へ出ると、スマホの地図アプリを持っていても「まずはどっちの方向に行けばいいんだ?」と迷うことは大人でも多々ありますね。知らない街だとなおさらです。そこで地図を見ながら歩くことになるのですが、これには経験と勘が必要です。地図は現実とイコールでありませんから。「目の前のこの道と地図のこの道が一致しているんだ」と現実の街を地図にあてはめていく作業は、慣れていなければ簡単ではありません。機会があれば、地図やガイドブックを開いて目的地を決めて、実際に地図を見ながら見知らぬ街へ行ってみる、という冒険に親子でチャレンジしてみてください。「どこに行きたい？　何を見たい？」と子どもに問いかけて目的地を決めさせ、実際に地図を見ながら歩かせてみるといいですね。失敗しても、自分で決めて自分で動いた結果なのであれば、子どもはそれほどダメージを受けないし、立て直せますよ。

小さな頃から旅の手ほどきをしてもらっている子どもは「自分にとって何が楽しいのか」ということを理解して、自分の足で見つけに行くことができるようになります。そういう意味で、対極にあるのはアミューズメントパークですね。楽しいものがあらかじめ揃えられていて、そこに行きさえすればすべてが与えられます。そうではなく、自分が見たいものを見るために、ゼロからプランを立てて出かけて行く。本当に楽しいかどうかなんて、行ってみないと分からない。道を間違えたり、乗る電車を間違えたり、カバンをなくしたりするかもしれない。見知らぬ人と言葉を交わさなくちゃいけないかもしれない。そんな出来事はすべて、非常時を切り抜けるための力になってくれるに違いありません。そのためには大前提として、ツアーに参加するのではなく家族でプランニングして、とりあえず行ってみるということでしょうね。

飛行機も鉄道もホテルもすべてネットで予約できるようになりましたが、道中にはトラブルもあるでしょう。それを楽しむために行く、というくらいの余裕がないと面白くありません。最初は親が計画を立てればよいと思いますが、ゆくゆくは子どもたちが計画立案できるように導いていきましょう。

とにもかくにも、一番大事なのは命。その次にお財布。それさえあればあとのことはなんとかなる、と身をもって知ることも大きな成長につながります。大人は手を出しすぎず、きっかけをつくってあげることと、見守ってあげることに徹しましょう。

対談——弘田陽介（父15年生）×棚澤明子（母17年生）

「子育てで大切にしてきたこと、あれこれ」

棚澤　弘田さんと知り合ったのは、4年ほど前でしたよね。私の『子鉄&ママ鉄の電車を見よう！　電車に乗ろう！』（プレジデント社）という本のなかで、弘田さんの『子どもはなぜ電車が好きなのか——鉄道好きの教育〈鉄〉学』（冬弓社）というご著書を紹介させていただいたことがきっかけでした。そのあと弘田さんは『電車が好きな子はかしこくなる　鉄道で育児・教育のすすめ』という本も出されましたよね。どうして教育学者として、そこまで鉄道に注目してきたのですか？

弘田　日本の鉄道文化には、子どもが認識能力を発展させていくなかで「もっと知りたい、もっと見たい」という欲求にこたえてくれるのに十分なだけの多様性があるからです。知れば知るほど世界が広がっていくでしょう？　小さなうちに経験するこのプロセスが、その後、新しい知識を習得するときのひな型になるわけです。

棚澤　たしかに、日本の鉄道の世界は奥深いですよね。知れば知るほど、もっと知りたくなってきます。私はもともと電車になんて一切興味はなかったのですが、子どもにつられて眺めているうちに一時期かなり熱狂的な鉄道ファンになりました。あの時期に考えていたのは、息子たちがもし「僕が好きなものにママがこんなに夢中になっている！　僕の好きなものは、大人も夢中になるくらいの価値があるんだ！」と感じてくれるなら、それが彼らの自己肯定感につながっていくのではないかな、ということでした。「僕が大切に思うものには価値がある、だからそんな素敵なものを見つけられる僕にも価値がある」と信じて、外の世界に飛び出していってほしいなあって。もちろん、そんな「見返り」を求めて電車を追いかけていたわけではなく、単に夢中になっていただけなんですけどね（笑）。

弘田　親子で同じものを見る、同じ対象に夢中になることを発達心理学では「共同注意」というんですよ。一緒に何かを楽しんでいると、その対象を媒介にして心がつながったように感じるでしょう？　それがアタッチメント（第1章❶参照）の形成にすごく重要なんです。人って見つめ合っていると、必要以上にイヤなところが目についたり、要求が強くなったりして息が詰まってしまいますよね。それよりも隣に並んで同じものを眺めている方が、おだやかにアタッチメントをつくっていけるんです。これ、夫婦関係も同じですね（笑）。棚澤さんのところは息子さんたちが電車遊びを卒業されてから、母子で登山を始めましたよね。

棚澤　そうですね。いまお話をうかがっていて気付いたのですが、登山も「共同注意」と言っていい行為ですよね。並んで歩きながら、同じ頂上を目指すわけですから。親子で鉄道趣味、登山……と、我が家はずっと「共同注意」を続けているのかもしれません。

弘田　お子さんたちは登山を通してどんなふうに成長しました？

棚澤　そうですね。子どもたちが中2と小5のときに北アルプスの劔岳にチャレンジしたんです。念願の山だったのですが、頂上直下の山小屋に泊まった夜に天候が崩れて、翌日の天気予報が雨と出てしまいました。滑落したら死ぬような山だから、悪天候なら無理はできません。でも親子で予定を合わせ北アルプスまで来るなんて、もう最後かもしれない。登頂か下山か悩んで悩んで……。結局、登頂を断念して翌朝下山したんですよ。そのときに長男が「何かを選択するのは難しいよね、その時点では何が正解なのかわからないんだから。自分が選んだことを正解にできるようにがんばるしかないよね」というようなことを唐突に言ったんです。驚きましたね。山に育てられたんだなと思いました。

弘田　なるほどね。「自分が選んだことを正解にできるようにがんばる」と言えるのは立派だと思います。自分で選んだことは覚悟になる。覚悟とは自分の運命や将来を背負うことですね。どういうことになっても誰のせいにもできない。自分で背負わなければならない。こういう覚悟が、いざというときには必要なんだと思います。もちろん、命あっての物種ですが、それ以外のことで自分で納得して決めたことならば、その先にある将来を背負っていけると思います。まさに非常事態に直面したときに生きる考え方ですね。

棚澤　弘田さんはお子さんたちとどんな関係を築いていますか？　そういえば、自宅出産だったとうかがいました。

弘田　そう、うちは3人とも自宅出産だったんです。病院だと生まれた赤ちゃんと親を分けてしまうところが多いでしょう？　とくに父親は病院に来てちょっと抱っこして、帰って、また来て……ですよね。そうすると、うまく関係をつくるきっかけがつかめないような気がして、自宅出産を選びました。寝て、起きたら赤ちゃんがいる。病院みたいに看護師さんや助産師さんがいるわけじゃないし、妻は寝てるし、僕がいろいろやらなくちゃいけない。一人目のときは本当に緊張しましたね。

棚澤　弘田さんが勉強してこられた野口整体の世界では、赤ちゃんのケアについてもいろいろとすすめられていますよね。実際にどんなことをしていたんですか？

弘田　野口整体では、体に手をあてる「愉気《ゆき》」ということを大事にしているのですが、生まれたての赤ちゃんは右側の肝臓のあたりに手をあてるといいと言われています。そうすると、胎便が出切るので、その後、お乳を飲ませるんですよ。あとは第2章❽でもお話ししましたけれど、とにかく抱っこですね。抱いているこちらも、ただただその経験を大切にする、という感じです。おなかを育てるという意味で、おなかに手をあてたりもしましたね。つながれる場所を探すような感じです。

棚澤　いまでも手をあてたりしているんですか？

弘田　寝ているときにあてますね。３歳くらいまではまだ子ども自身のパーソナルスペースができていないので、触れるとスゥっとつながる感じですが、それ以降はやっぱり「他人」なので技術が要ります。あとは風邪をひいたときに「ちょっと、やったるわ」って。

棚澤　さわられるのイヤがりません？

弘田　即効性のあることをやりますからね。後頭部と目を蒸しタオルで温めたり。まあ、子どもたちは、こうしたことに全然興味なさそうだけれど（笑）。

棚澤　弘田さんのところも上のお２人はそろそろ反抗期かと思いますが、親子関係はどうですか？　親の側からの働きかけとして、気をつかっていることはありますか？

弘田　子どもたちの表面的な言葉にはあまり注意を注がないようにしています。言葉の内容よりも、その様子などから「無理してないかな、何か困っていないかな」と、雰囲気を見るようにしていますね。あと、コロナでの休校期間中はボクシングのパンチなんかを教えて、体と体で関わるようにしましたね。

棚澤　その話で思い出したのですが、うちは息子が幼い頃から極真空手をやっていまして、それにつられて私も同じ道場に通った時期があるんです（笑）。当時小学生だった息子と組み手をしたことがあるのですが、どちらかの蹴りがどちらかの顔に当たって口から血が出たんですよ。けっこう強烈な出来事だったのですが、血を出したのがどちらだったのか思い出せないんです。先日息子に聞いたのですが、出来事はよく覚えているけれど、どちらが血を出したのかは覚えていない、と。それっていま思えば、お互いの境界線があいまいになるくらい一体感が強かった、ということなのかもしれませんね。体と体での関わりって、言葉だけでつながるよりも深いところがあるのかなあ、と思いました。

弘田 そうだと思いますよ。格闘技はとくにそういうところがありますね。実は僕、20代の頃、格闘技の選手を目指していたんです。戦った後は、自分が負けても相手とわーって涙を流しながらハグしたりしましたよね（笑）。

棚澤 え、そうだったんですか!? 当時はマッチョだったんですか？

弘田 マッチョではないですが、格闘技は筋肉っていうより、体の使い方が大事なんです。

棚澤 ああ、だから第2章⓫の腰の話のところで気合いが入っていたのですね。動きが素人離れしていました（笑）。

弘田 そう、格闘技にしても力仕事にしても、体格や腕力より体の使い方が大事なんです。

棚澤 そういう意味では災害などの非常時に向けて、体の使い方を知っておくことはとても大事ですね。ところで、今回のお話のなかで読み聞かせのお話が何度か出てきましたよね。私、子どもたちが小さかった頃、絵本選びで迷子になった時期がありました。「みんなにやさしくしましょう」「お友だちをたくさんつくりましょう」という正解を押しつけるような論調がすごく苦手で。そんなことは、絵本じゃなくて本人が現場で学ぶことだよ、と思っていたんです。だいたい、それが正解なのかどうかもわかりませんし。一時、そうしたものにうんざりして、荒唐無稽な自作の物語を語っては子どもたちに苦笑されていました（笑）。弘田さんにも苦手なタイプの絵本はありますか？

弘田　ああ、僕はお母さんのなかの少女性に訴えかけているようなものは苦手ですね。絵がきれいでかわいくて、若い女性のナイーブさみたいなものを描いていて、お母さんたちは気に入るかもしれないけれど、子どもの方を向いていないんですよね。

棚澤　わかるような気がします（笑）。では、ベスト3は何ですか？

弘田　『泣いた赤鬼』はよく読みましたね。ああいう哀しみが描かれているものはいいなと思います。親はとくに何か言わなくとも「青鬼くん、どうしただろうね」って、それだけでいいと思うんですよ。『11ぴきのねこ』のシリーズもよく読みました。私たち親世代の絵本ですが、あの無邪気な悪というのはユーモアの源ですね。最近は、寝る前に『ハリーポッター』シリーズの話を勝手に脚色して話しています。その中にドラえもんとか出てくるので、子どもたちは失笑していますが（笑）。

棚澤　こちらはもう中高生ですが、今からでも読んでやろうかな（笑）。

弘田　ええ、いまはいまで面白いと思いますよ。

棚澤　今回、数カ月にわたってお話をうかがって、いよいよゴールにたどり着いたわけですが、いかがですか？　私は自分を省みて反省したことがたくさんありました。たとえば、私は親子のアタッチメントが強く残っているということに無自覚なまま、自分の気持ちや考え方を伝えようとしている傾向が強くありましたね。実は薄々と、息子たちには私の影響が出すぎているな、と感じていたのですが。少し軌道修正が必要なのかもしれません。災害多発時代を迎える……という意味では、親子登山やキャンプなどを続けてきたことは間違っていなかった、と改めて痛感しましたね。弘田さんは今回お話されて、子育てについて改めてどんなことを感じましたか？

弘田　子どもたちには、あんまり期待しないことですね。ただ、時代はどんどん変わっていますし、新しい世代の人たちはそれに適応してかしこくなってきています。若い人の多くは、お酒だってもう馬鹿みたいに飲まないですからね。でも、ちょっと繊細になりすぎているのかな。自分で自分にブレーキをかけずに生きていけるように、そのお手本として僕も好きなことをしていきたいと思います。反面教師かもしれませんが（笑）。

棚澤　ありがとうございました。楽しかったです！

おわりに

　これまで育児書の定番といえば、アメリカで第二次世界大戦後に流行したスポック博士のものや、松田道雄さん、毛利子来さんたちによるもので、１９８０年代くらいまでよく読まれてきました。彼らはみなお医者さんです。当時の保護者の悩みの多くは子どもの健康に関するものだったので、小児科医の知識で子育ての悩みに答えていたのですね。その後、保護者の悩みは多様化し、育児書は育児雑誌、マタニティ雑誌、インターネットサイトへと主流が移りつつも、科学的なエビデンスに基づいた説も含めてさまざまな「よい子育て」が提案されてきました。[*14]

　どのご家庭の保護者の皆さんも、それぞれの事情の中で最大限できる限りの子育てをされていることと思います。けれども、自分の子育てが正しいのかどうかと不安に駆られ、正解を確かめずにはいられなくなるという声をよく聞きます。これは学校教育の弊害なのかもしれません。自分で考えたことであっても、「正しさ」に合致しているかどうかを確かめないと学校では勉強したことになりませんから。それならば、あらかじめ正しいとされていることをしよう、自分で考えるよりは、育児マニュアルで、いや、グーグルで検索だというのが現状なのかもしれません。

あふれかえる育児情報のなかから、自分たちに合うものを選んで子育てをデザインするのは大変なことです。その情報が科学的エビデンスに基づいたものであればなおさら、いくつもの説と比較しながら、なにがベストなのかを探らなければなりません。専門家によって異なる見解が出てくるようなエビデンスの比較までをするのは、一保護者にとって至難の業であるに違いありません。

本書はそうしたエビデンスの比較に基づくものではなく、自分の子どもの姿だけを見て、どうしたら自分にとってよい子育てになるのかを考え、実践してきたことに拠っています。保護者の方が子どもにとってよいと思えば、それがよい子育て。それでいいのだと僕は思っています。本書の内容についても、正しいと思ったこと、正しくないと思ったこと、人それぞれでしょう。でも、ここでは正しいかどうかということよりも、こんな子育てをしている人がいるんだと思って受け取っていただき、自分に合っていると思ったことのみを実践していただければ、と思います。大切なのは、何が正しくて何が間違っているのかをジャッジすることではなく、自分のしていることに自信を持つことですから。自分が自信をもっていいと思えればそれでよいという気持ちで、エビデンスよりも我が子の姿をしっかりと見ていただきたいと思います。

子育ては覚悟です。今回は「不安な時代をしなやかに生き抜ける子どもを育てる」というテーマでお話させていただきましたが、どんな状況がやってきても子どもたちは大丈夫だ、と思って過ごす覚悟が必要です。明日何が起こるかわからない、もう会えなくなるかもしれない。その不安は誰もが抱えています。それでも、大丈夫だと言い切る覚悟が子育てには必要なのです。そもそも、まったくリスクのない生き方などないはずです。もちろん、他者に危害を及ぼすことはいけませんが、それ以外であれば、正しくない生き方などありません。他者と比較した上でのよさではなくて、自分がよいと思えばそれでよいというよさで生きてみる。そして、それを子どもとも共有してみる。そんなことをこの本では提案しているつもりです。

さて、今回の本に関しては、私の話を聞き取って文章化してくれた棚澤明子さんに感謝しないといけないでしょう。それほど長い時間お話をさせてもらったわけでもないのに、旧知の友人のように思える彼女の理解能力は、文筆家としての確かな技術に支えられているのだと思います。また本書を刊行することを快く引き受けてくださった彩流社の出口綾子さんにも感謝申し上げないといけません。直感的な洞察力で本書の刊行を企画し、適宜必要なアドバイスをくださいました。

また、子育てについては、自分が子どもをもつようになって初めてその面白さに目を開かされたのですが、そのときに多くを頼ったのが、公益社団法人整体協会・身体教育研究所の野口裕之先生でした。稽古を通じてのお話にこの本は多くを拠っています。

さらに、この本は実は、旧知の武術研究家の甲野善紀先生の挑発にのってつくってしまった、という背景があります。コロナ禍の中、甲野先生は盛んにＴｗｉｔｔｅｒで「教育の専門家は今の状況をどう考えているんだ」と書かれていました。いくぶん怒気を孕んだ問いかけに直接お応えする勇気のないまま、この本をつくった次第です。なんとおっしゃっていただけるか楽しみです。

この数年、恩師の一人である辻本雅史先生たちと「子育て実践学」（仮称）という研究会をやっています。ここでの皆さんのご研究の成果や、日本学術振興会や公益財団法人・前川財団からの研究支援も大きな力になっております。感謝申し上げます。

最後になりますが、この数年はこのような子育てについての仕事が多いのですが、やはり、妻と三人の子どもたちに感謝しないといけません。本書の多くは彼らとの関わりの中で生まれたものです。本書を通して得るものをまた彼らに還元できればと思います。

２０２１年１月

弘田陽介

出典一覧

1『物質と記憶』アンリ・ベルクソン著／杉山直樹訳／講談社（2019）
2『シミュラークルとシミュレーション』ジャン・ボードリヤール著／竹原あき子訳／法政大学出版局（2008）
3「子どもの死の概念」仲村照子『発達心理学研究』5巻1号（1994）
4『3000万語の格差 赤ちゃんの脳をつくる、親と保育者の話しかけ』ダナ・サスキンド著／掛札逸美、高山静子訳／明石書店（2018）
5『かくれた次元』エドワード・ホール著／日高敏隆、佐藤信行訳／みすず書房（1970）
6『読む目・読まれる目――視線理解の進化と発達の心理学』遠藤利彦編著／東京大学出版会（2005）
7『三つの脳の進化――反射脳・情動脳・理性脳と「人間らしさ」の起源』ポール・D・マクリーン著／法橋登訳／工作舎（1994）
8『「生存競争」教育への反抗』神代健彦著／集英社（2020）
9『純粋理性批判』イマヌエル・カント著／篠田英雄訳／岩波書店（1961）
10『AI vs. 教科書が読めない子どもたち』新井紀子著／東洋経済新報社（2018）
11一般社団法人日本疫学会新型コロナウイルス関連情報HPより
https://jeaweb.jp/covid/
12『子どもたちはなぜキレるのか』齋藤孝著／ちくま新書（1999）
13『遺言。』養老孟司著／新潮新書（2017）
14『育児言説の社会学』天童睦子編／世界思想社（2016）

●著者プロフィール

弘田陽介（ひろた・ようすけ）

1974年生。教育学博士。福山市立大学教育学部准教授。専門はドイツ教育思想、実践的身体教育論、子どもと教育のメディア論。主著『近代の擬態／擬態の近代』（東京大学出版会）、『子どもはなぜでんしゃが好きなのか』（冬弓舎）、『電車が好きな子はかしこくなる』（交通新聞社）。3人の男の子の父親。

棚澤明子（たなざわ・あきこ）

1973年生。フリーライター。主著『子鉄&ママ鉄の電車を見よう！電車に乗ろう！』（プレジデント社）、『福島のお母さん、いま、希望は見えますか?』（彩流社）他。メンタルケア心理士。2人の男の子の母親。

P67、69 イラスト：神田めぐみ　扉イラスト：アトリエからふる提供

いま、子《こ》育《そだ》てどうする?
——感染症《かんせんしょう》・災害《さいがい》・AI《えーあい》時代《じだい》を親子《おやこ》で生《い》き抜《ぬ》くヒント集《しゅう》35

2021年2月18日　初版第一刷

著　者　弘田陽介・棚澤明子 ©2021
発行者　河野和憲
発行所　株式会社 彩流社
〒101-0051　東京都千代田区神田神保町3-10　大行ビル6階
電話　03-3234-5931
FAX　03-3234-5932
http://www.sairyusha.co.jp/

編　集　出口綾子
装　丁　福田真一［DEN GRAPHICS］
印　刷　モリモト印刷株式会社
製　本　株式会社難波製本

Printed in Japan　ISBN978-4-7791-2731-1 C0037